O Poeta e a Consciência Crítica

Coleção Debates
Dirigida por J. Guinsburg

Equipe de Realização – Edição de Texto: Iracema A. de Oliveira; Revisão: Marcio Honorio de Godoy; Produção: Ricardo W. Neves, Sergio Kon e Raquel Fernandes Abranches

affonso ávila
O POETA E A CONSCIÊNCIA CRÍTICA

UMA LINHA DE TRADIÇÃO,
UMA ATITUDE DE VANGUARDA

 PERSPECTIVA

Dados Internacionais de Catalogação na Publicação (CIP)
(Câmara Brasileira do Livro, SP, Brasil)

Ávila, Affonso, 1928- .
O poeta e a consciência crítica / Affonso Ávila. – 3. ed. rev. e ampl. – São Paulo : Perspectiva, 2008. – (Coleção Debates; 312) Apêndice: Semana Nacional de Poesia de Vanguarda.

Bibliografia.
ISBN 978-85-273-0813-7

1. Poesia brasileira - História e crítica I. Título. II. Série.

07-10314   CDD-869.9109

Índices para catálogo sistemático:

1. Poesia de vanguarda : Literatura brasileira :
    História e crítica   869.9109
2. Poesia : Literatura brasileira : História
    e crítica   869.9109

Direitos reservados à

EDITORA PERSPECTIVA S.A.

Av. Brigadeiro Luís Antônio, 3025
01401-000 São Paulo SP Brasil
Telefax: (11) 3885-8388
www.editoraperspectiva.com.br

2008

SUMÁRIO

Salto em Qualidade: Um Biênio e suas Seqüências 9

UMA LINHA DE TRADIÇÃO

O Barroco e uma Linha de Tradição Criativa 19
A Natureza e o Motivo Edênico na Poesia Colonial. ... 35
Sousândrade: O Poeta e a Consciência Crítica 47
O Artista e o Escritor na Semana de 22 59
Nas Vertentes da Semana de 22: O Grupo
   Mineiro de *A Revista* 67
Macunaíma: Atualidade e Tradição 81
As Singularidades de um Processo Lírico 89
O Graciliano Que Nos Interessa 95

UMA ATITUDE DE VANGUARDA

Iniciação Didática à Poesia de Vanguarda 107
Literatura Situada 123
Um Conceito Brasileiro de Vanguarda. 129
O Dorso (Iluminado) do Tigre 137
Estruturalismo e Teoria da Literatura. 147
Realidade e Metáfora num Discurso Ficcional 153
Texto e Emoção sob Controle 161
Poesia Nova – Uma Épica do Instante 167
Carta do Solo – Poesia Referencial 173
Vanguardas Poéticas Brasileiras: Um Depoimento . . . 183
Culminância e Amor Cortês 191

APÊNDICE
SEMANA NACIONAL DE POESIA DE VANGUARDA

Um Processo Revolucionário de Comunicação
    da Poesia 201
Comunicado e Conclusões. 205

Índice Remissivo 209

SALTO EM QUALIDADE: UM BIÊNIO E SUAS SEQÜÊNCIAS

O biênio 1956/57 foi um momento emblemático no curso da literatura brasileira no início da segunda metade do século XX. Marcado por evidente superação dos paradigmas propriamente já maduros e, em parte, esclerosados do modernismo de 22, assiste-se, naqueles dois anos preciosos, à eclosão de novos sinais no espectro das artes e das letras no país. No campo da literatura, que no caso nos interessa aqui nesta reflexão, ocorrem fatos de suma importância como a ascensão da poesia de João Cabral de Melo Neto e a publicação desconcertante da obra-prima de João Guimarães Rosa, o *Grande Sertão: Veredas*. Ambos os fatores de abalo da situação acomodatícia que se vivia, se não bastasse o impacto que traziam por si só, conheceriam, em seu bojo de contexto, acontecimentos paralelos e indicativos também de ressonância estrutural tanto criativa quanto crítica no processo de nossa literatura. Havia inquestionável inquietação de rumos e linhas de trabalho, seja na esfera individual de autores mais jovens, seja na visão reavaliativa das gerações precedentes em sabedoria e liderança. A mídia literária, que começava a perder hegemonia diante do avanço da comunicação televisiva, sentia-se encurralada nas bases e procurava saída compatível por meio de projetos mais corporativos e competitivos. No Rio, o *Jornal do Brasil* confiava ao traço vanguardista de Amílcar de Castro a sua remodelação gráfica, que incluía um suplemento especialmente arejado. Na capital paulista, ao mesmo turno, *O Estado de S. Paulo*, sem romper sua linha tradicional de sobriedade, optaria por um lance de qualidade editorial e implantaria, simultaneamente ao JB, o seu Suplemento Literário. Este viria a ser, por mais de uma década, esteira superior entre nós de reflexão e permutação de idéias.

Ao contrário, porém, da folha literária do jornal carioca, dominado de pronto por talentos de uma jovem vanguarda, o semanário especial do *Estadão*, cauteloso ante as novidades ruidosas que emergiam, preferiu ater-se a seu padrão valorativo de jornal ponderado, confiando seu projeto de organização e contextura ao que havia de mais representativo na lide intelectual paulista e mesmo brasileira. Incumbido da tarefa de estruturá-lo, Antonio Candido, em entrevista recente, relembrou a complexa trama político-literária de sugestões e ajustes que antecedeu o seu vitorioso lançamento. Segundo o autor de *Formação da Literatura Brasileira*, o que ele pretendia, escudado pela sustentação de infra-estrutura de uma grande empresa jornalística, era dar a público um veículo sem viés regional ou mesmo apenas nacional capaz de promover a inserção do pensamento vivo brasileiro no âmbito maior das idéias em trânsito no mundo. Entregue sua direção a outro expoente das letras na época, o estudioso de teatro e professor Décio de Almeida Prado, completou-se e harmonizou-se todo um elenco seletivo de conceituados colaboradores, fixos ou avulsos, que deu cunho ecumênico e humanístico ao semanário que se lançava. Quiseram as circunstâncias, estimuladas por acatada sugestão do amigo comum Francisco Iglésias, que Candido me inserisse em seu projeto e eu viesse a formar, por muitos anos, nessa equipe eletiva. De meus textos na coluna que mensalmente assinava, pude compor substancialmente o livro *Catas de Aluvião: Do Pensar e do Ser em Minas*, e de artigos posteriores ali igualmente publicados firmei o fulcro deste *O Poeta e a Consciência Crítica*.

Simultaneamente a essa excepcional vitrine cultural consubstanciada no suplemento do *Estadão*, redutos grupais se articulavam, dentro de visadas mais sensíveis a uma conjuntura de crise, apresentando plataformas inovadoras ou renovadoras nos desígnios da linguagem, sobretudo poética, e da postura doutrinária. Sobre suas posições pesavam ou viriam a pesar as influências de conjuntura nacional: a vontade política nacionalista, a apropriação do húmus criativo internacional e sua deglutição ou redução crítica, a propensão natural da inteligência emergente das novas gerações em buscar fazer-se ouvir em suas inerências vitais e prospecções próprias dos moços. É quando recrudesce, em São Paulo, o movimento da revista *Noigandres*, com a Exposição de Arte Concreta e o chamado "plano piloto" (alusão às diretrizes urbanísticas de Brasília) da poesia concreta com suas postulações construtivistas e formais, ditas áudio-semântico-visuais. Por sua vez, em Minas, aglutinavam-se intelectuais da mesma geração dos concretistas para o lançamento de outra revista de ambição revolucionária: *Tendência*. Esta, estimulada, porém, tanto pelo móvel da linguagem literária renovada, como, principalmente – ao espelho brasileiro que aflorava em áreas gerais do pensamento reflexivo e desenvolvimentista –, pela impulsão instauradora de um nacionalismo crítico. A ressonância de ambas as correntes diretivas foi de imediata percepção no panorama da literatura em processo no país, açulando acólitos entre autores mais jovens, irritando os círculos acomodados e chamando mesmo a atenção, em sua olímpica hegemonia, dos próprios remanescentes consagrados do modernismo dito histórico. Saindo de vertentes aparentemente antagônicas do projeto cultural brasileiro, os dois movimentos, com suas respectivas revistas, acabariam partindo para um ponto comum que era a contextualização histórica.

Tal fato de consistência dialética, que aproximou e fez permear-se de significado substancial o futuro imediato das vanguardas paulista e mineira, não aconteceu à margem do clima propiciado pela atuação do suplemento do *Estadão*. Foi com a parceria, se não preponderância institucional, do influente jornal que viria a realizar-se, na cidade paulista de Assis, o II Congresso Brasileiro de Crítica e História Literária, promovido sob auspícios da Faculdade piloto de Filosofia local, então recentemente criada. A representação de São Paulo – tendo à frente a figura tutelar de Antonio Candido e destacados colaboradores do suplemento, dentre eles o diretor Décio de Almeida Prado – fez-se agregar, em nível de igual valoração intelectual, do grupo vanguardista de *Noigandres* e da então recém-criada *Invenção*, que assumiria desempenho de relevo no evento e, com a presença de moços de outros Estados; a ele acrescentaria um sentido eclético especial: o do encontro brilhante e interativo de gerações. Crítica canônica e crítica virtual dialogaram sem antinomia de idéias. Como destaque, discutiu-se a comunicação surpreendente de Décio Pignatari, na qual, através de sua voz, os concretistas anunciavam o seu salto engajador: "A onça vai dar o pulo" – afirmava. "A poesia concreta vai dar, só tem de dar, o pulo conteudístico-semântico-participante". A talentosa nova geração de São Paulo falava pela primeira vez em "participação", caindo com essa intenção ao seu tanto imprevisível no terreno em que vínhamos trabalhando, os da *Tendência*. Presente, fiz então várias considerações sobre a fala de Pignatari, reivindicando a precedência de nosso "nacionalismo crítico":

não se sabe até onde se pode considerar a omissão das experiências e sobretudo das reformulações críticas de *Tendência*, a qual não tenta o "pulo da onça", porquanto há muito nos engajamos na responsabilidade social e humana do artista, para usarmos uma expressão de Décio Pignatari.

Acrescentamos ainda referência ao encontro do grupo mineiro com Sartre, no qual o filósofo francês reputou legítimas as postulações da Revista[1].

Tendo o "Estadão" como veículo literário de excelência e o encontro de Assis, cinco anos depois, como o verdadeiro "salto de qualidade" para as letras novas no Brasil, é justo que eu considere o biênio 1956/57, com suas revistas e seus debates intergrupais, como o patamar vanguardista e revisionista de toda a segunda metade do século xx, entre nós. *Tendência* abriu-se ao vetor maior de redimensionamento de linguagem, ao lado de sua fidelidade ideológica e contextual, enquanto *Noigandres* também cristalizou sua abertura à participação doutrinária. Transmudou-se em frente de alcance intersígnico – *Invenção*, de modo a captar manifestações paralelas à poesia, por meio de poderosa presença ensaística e divulgação de documentos hoje históricos, como o denominado manifesto da "música nova". Em *Invenção*, como simultaneamente em *Tendência*, houve mútua colaboração intergrupal, estabelecendo-se o que proclamou "diálogo Tendência-concretismo", posto em relevo afinal com a realização, em agosto de 1963, na Universidade Federal de Minas Gerais constituída de exposição de poemas-cartazes e de palestras, culminando na assinatura de um comunicado alusivo à ação de uma frente nacional participante. O livro, *O Poeta e a Consciência Crítica*, representa, na contemporaneidade e intenção de sua escrita, uma conotação ainda não envelhecida de momento crucial da poesia, da literatura brasileiras, em seu processo pós-modernista.

1. Ver *Anais do Segundo Congresso Brasileiro de Crítica e História Literária*, Assis: 24–30 jul. 1961.

Para não incorrer em redundância, tomo vênia para inserir aqui a nota preambular das edições anteriores, o que faço com pequenas ressalvas. Digo, pois, que este livro reúne textos que o autor estima de alguma valia informativa dentre os muitos que escreveu sob solicitação ou em decorrência de atividade crítica eventual. Se não aportam maior originalidade, eles se avocam pelo menos o mérito da abordagem, em nível de comentário ou interpretação, de problemas, temas e obras cujo estudo vem sendo objeto, na maior parte dos casos, de análise ou debate numa faixa bastante especializada de nosso ensaísmo, às vezes numa terminologia de difícil acesso aos que não dominam ainda toda a nova linguagem crítica. Este é, pois, um livro que pretende ser útil ao leitor jovem, aos que de qualquer forma estejam motivados para a iniciação ao estudo da problemática mais viva da literatura brasileira, particularmente da poesia, que aqui se procura abordar ou referir com a possível clareza, embora a partir sempre de um ângulo de modernidade. À exceção de cinco textos, solicitados originalmente para seminários e outras promoções universitárias ou publicações de circuito mais restrito, os demais se destinaram à divulgação em jornais e revistas literários ou de cultura.

Os trabalhos não obedecem, no livro, a uma ordem cronológica de elaboração. Apenas se ordenam em duas séries distintas, mas que têm a uni-las uma só e mesma coerência de perspectiva crítica. Neles, os conceitos e proposições formulados, não obstante se desdobrarem da atitude preconizada diante do fato literário pela revista *Tendência* – o nacionalismo crítico –, não querem significar o pensamento dogmático de um grupo, mas, quando muito, a opção que, a partir de uma idéia-tese comum, o autor fez, como poeta e crítico, por uma das direções em que se abria aquele fecundo e pioneiro projeto de uma literatura participante. Quanto às postulações no sentido de uma revisão no estudo do barroco, no qual identificar uma linha de tradição criativa da arte brasileira, traduzem elas uma preocupação crítica do autor seqüenciada não só nos presentes trabalhos, como também em outros livros publicados e na revista especializada que fundou e dirigiu, *Barroco*, a princípio editada pela Universidade Federal de Minas Gerais e mais tarde às próprias expensas.

Da primeira parte, o trabalho de abertura foi escrito especialmente para o colóquio Painel de Arte Contemporânea, promovido pela Universidade Federal de Minas Gerais na cidade de Ouro Preto, durante o mês de julho de 1968. O mesmo texto foi, dois meses depois, apresentado como comunicação ao Seminário sobre o Barroco Literário Luso Brasileiro, do I Festival do Barroco, promovido em Salvador pela Universidade Federal da Bahia. O texto sobre o grupo modernista de Minas foi publicado na *Revista Vozes*, em número comemorativo do cinqüentenário da Semana de Arte Moderna. Os outros trabalhos apareceram originalmente, sob a forma de artigos, no Suplemento Literário de *O Estado de S. Paulo*, sendo que o dedicado a *Macunaíma* pretendia ser introdução a um estudo que não chegou a concretizar-se. Da segunda parte, o primeiro trabalho é uma palestra pronunciada na Faculdade de Direito da Universidade Federal de Minas Gerais, para seus alunos, sobre aspectos gerais da poética de vanguarda. Três textos são depoimentos escritos sob solicitação: "Um Conceito Brasileiro de Vanguarda" para a *Revista de Cultura Brasileña*, de Madri, número especial sobre a vanguarda brasileira, organizado por seu então diretor, o poeta espanhol Ángel Crespo, e pela escritora Pilar Gómez Bedate; "Poesia Nova: uma Épica do Instante" para o Suplemento Literário de *O Estado de S. Paulo*, abrindo um Inquérito sobre a Poesia Brasileira, feito pelo jornalista Eliston Altmann; "Carta do Solo-Poesia Referencial", escrito em setembro-outubro de 1961, por solicitação da revista *Invenção*, de São Paulo, e inserido em seu número 2, relativo ao segundo trimestre de 1962. A inclusão deste último texto no presente livro não tem outro objetivo senão o de documentar que o poeta não deixou de fazer incidir, também sobre sua poesia, a mesma visada de consciência crítica por meio da qual busca orientar a sua atuação pessoal de estudioso da literatura. Complementando-o e atualizando-o em relação à evolução da poesia do autor, segue-se a reconstituição de entrevista gravada para o Serviço de Documentação das Artes do Laboratório de Estética da Universidade Federal de Minas Gerais. A segunda parte inclui ainda alguns artigos escritos originalmente para o Suplemento Literário de *O Estado de S. Paulo*. Acrescenta-se, nesta nova edição, texto escrito sobre *Crisantempo*, livro de Haroldo de Campos.

Em apêndice, vai transcrita a apresentação que o autor escreveu para o prospecto-programa da Semana Nacional de Poesia de Vanguarda, por ele organizada em Belo Horizonte, agosto de 1963, para a Universidade Federal de Minas Gerais, por incumbência do seu então magnífico reitor professor Orlando M. de Carvalho. Segue-se a transcrição do Comunicado final daquele certame, redigido substancialmente pelo ensaísta Benedito Nunes, presidente dos debates, e pelo poeta Décio Pignatari, com a contribuição do autor deste livro e de outros participantes –, documento na ocasião subscrito pelos poetas e críticos presentes. A republicação dos dois textos é ainda hoje oportuna, porquanto os subseqüentes acontecimentos brasileiros não só vieram naturalmente a obstar melhor divulgação dos princípios críticos e estéticos firmados no Comunicado, como também – e principalmente – truncar os projetos objetivos em que se teria certamente desdobrado a hoje histórica promoção da UFMG. Mas valeu.

A presente reedição de *O Poeta e a Consciência Crítica*, que generosamente J. Guinsburg inclui na estelar Coleção Debates da Perspectiva, é mais que simples recorrência mercadológica de produto ainda revestido de cultural interesse, porém um cinqüentenário tributo de mais fundo significado ao período de formação e atuação do autor.

UMA LINHA DE TRADIÇÃO

O BARROCO E UMA LINHA
DE TRADIÇÃO CRIATIVA

A revisão dos conceitos de valoração e dos métodos de análise do fato estético verificada nos últimos anos, superando os velhos tabus de uma historicidade apoiada na divisão estanque de etapas e escolas de estilo, abre-nos a possibilidade de corrigir as distorções de uma história cronológica e biográfica das artes e de formular interpretações que, sem fugir ao rigor crítico, vejam no objeto artístico mais que simples reflexo de época ou projeção subjetiva. É certo que a história da arte é sempre um capítulo, um desdobramento, uma secção da história do homem, pois jamais compreenderíamos a arte sem a sua vinculação mais íntima à essência da experiência humana. Mas essa essência é antes uma condição de universalidade e perenidade do nosso ser, jamais do precário que reveste com suas aparências a subjetividade do homem, do artista. A arte é objetivamente um instante de plenitude dessa experiência e também um instrumento permanente de que se vale o homem para intuir, repensar e modificar criadoramente a realidade. O que se altera na atitude de perenidade do artista diante do mundo é a maneira de intuí-lo, de repensá-lo, de modificá-lo, maneira já dialeticamente sensível aos fatores de conjuntura, aos elementos transitórios de condicionamento social e existencial. Assim, antes de falar esquematicamente em *arte de determinado período,* preferimos aludir às *formas assumidas pela arte* numa dada curva do devir humano. À visada tradicional de uma história da arte contrapõe-se, portanto, uma noção de evolução de formas verificada ao longo do processo estético. E essas formas, correspondendo sempre a uma pressão de contemporaneidade ou às imposições de um contexto peculiar, não se imobilizam, todavia, numa historicidade irreversível, podendo, ao contrário, reemergir na sua dinâmica própria, ainda que sob roupagem nova, desde que dois ou mais momentos da história da humanidade ou particularmente das nações inflitam para uma idêntica e mesma curva de tensão estética, existencial, social.

Uma crítica que se queira atualizada deve instrumentar-se hoje, tanto no campo da literatura quanto no de outras artes, de uma perspectiva sincrônica, simultaneísta, capaz de abranger o fato artístico da atualidade como um degrau novo desdobrado de uma seqüência de outros degraus, todos eles compondo o itinerário de ascensão e descensão do homem na sua ânsia de dar linguagem e expressão estética à sua consciência de si e do mundo[1]. Estudando aspectos do fenômeno barroco, tivemos ensejo de tentar, em outros de nossos livros[2], uma análise inter-

---

1. Sobre a conceituação de uma crítica sincrônica, ver os excelentes artigos de Haroldo de Campos publicados no *Correio da Manhã,* 4º. Caderno, Rio de Janeiro, e intitulados Poética Sincrônica, 19 de fevereiro de 1967; O Samurai e o Kakemono, 9 de abril de 1967, e Romantismo e Poética Sincrônica, 23 de abril de 1967. Republicados em *A Arte no Horizonte do Provável,* São Paulo: Perspectiva, 1970.

2. Affonso Ávila, *Resíduos Seiscentistas em Minas,* 2 v., Belo Horizonte: Centro de Estudos Mineiros da Universidade Federal de Minas Gerais, 1967. Ver também, do autor, *O Lúdico e as Projeções do Mundo Barroco.*

pretativa que, partindo de um ângulo de modernidade da formulação crítica, conduzisse à compreensão de uma radicação cultural significativa não só num nível recuado de historicidade, mas, sobretudo no da permanência de certos resíduos que ainda atuam no caráter de especificidade brasileira ou regional de Minas. Essa tentativa de estudo sincrônico das nossas raízes culturais barrocas nasceu não de uma idéia bizarra do autor, mas antes a ele se impôs tanto por uma soma de reflexões pessoais, como, principalmente, pelo interesse generalizado, e cada dia mais acentuado, de se rever criticamente o chamado período barroco. Duas indagações fundamentais nos assaltaram ao voltarmos inicialmente a nossa atenção para este apaixonante campo de estudo especializado: por que esse interesse, essa curiosidade, essa paixão do homem de nossos dias pelo barroco? Por que só essa redescoberta do barroco veio possibilitar ao estudioso brasileiro uma visão mais nítida de nossas perplexidades como povo e como nação? Muitos trabalhos, de especialistas categorizados da Europa e mesmo do Brasil, foram pouco a pouco respondendo, se não de todo, pelos menos parcialmente às nossas indagações. E à medida que se clarificava o nosso conceito do barroco, passávamos a entender também, de modo mais claro, as razões da identidade estabelecida entre a época atual e a do barroco, as razões de buscar-se no Seiscentos e no Setecentos brasileiros alguma coisa que nos explicasse melhor histórica e culturalmente. Para a primeira indagação daríamos agora uma resposta aparentemente audaciosa, mas que não deixa de ter a sua fundamentação crítica, a sua sustentação filosófica. Cremos poder sintetizar aqui que as aproximações entre o homem de hoje e o barroco vão além de uma simples sintonia de sensibilidade, motivada pelo recurso a formas afins de expressão estética. A identidade com o barroco, ainda que revelada mais

São Paulo: Perspectiva, 1971 (3. ed. revista e ampliada em 2 v., I: Uma lição *a dos cortes*, uma consciência *a dos luces* e II: Áurea idade da áurea terra, 1994. Coleção Debates, 35).

obviamente no plano da atitude artística, transcende, a nosso ver, a uma questão de similaridade de linguagem, de forma, de ritmo, para refletir de modo mais profundo uma bem semelhante tensão existencial. O homem barroco e o do século XX são um único e mesmo homem agônico, perplexo, dilemático, dilacerado entre a consciência de um mundo novo – ontem revelado pelas grandes navegações e as idéias do humanismo, hoje pela conquista do espaço e os avanços da técnica – e as peias de uma estrutura anacrônica que o aliena das novas evidências da realidade – ontem a contra-reforma, a inquisição, o absolutismo, hoje o risco da guerra nuclear, o subdesenvolvimento das nações pobres, o sistema cruel das sociedades altamente industrializadas. Vivendo aguda e angustiosamente sob a órbita do medo, da insegurança, da instabilidade, tanto o artista barroco como o moderno exprimem dramaticamente o seu instante social e existencial, fazendo com que a arte também assuma formas agônicas, perplexas, dilemáticas.

Conhecido este parentesco espiritual entre o artista barroco e o moderno, podemos naturalmente tentar situar, de maneira mais precisa, as afinidades formais entre a arte de um e a de outro, de maneira especial no campo da criação literária. Um dos mais lúcidos estudiosos do fenômeno criativo de nosso tempo, o italiano Umberto Eco, ao formular a sua teoria da *obra aberta*, viu no barroco uma primeira manifestação, ainda que inconsciente, de abertura da arte, de quebra dos padrões fixos, que faziam da criação clássica um objeto artístico rigorosamente delimitado no seu simetrismo, na sua beleza sublime mas, aristocraticamente distante, quase imparticipável[3]. Real-

---

3. Umberto Eco, *L'oeuvre ouverte*, Paris: Seuil, 1965 (trad. bras., *Obra Aberta*, São Paulo: Perspectiva, 1968). Ver especialmente o capítulo A Poética da Obra Aberta. Haroldo de Campos, no artigo intitulado A Obra de Arte Aberta, publicado originalmente no *Diário de São Paulo*, 3 de julho de 1955, e reproduzido no livro *Teoria da Poesia Concreta – Textos Críticos e Manifestos 1950-1960*, São Paulo: Edições Invenção, 1965, p. 28-31, aporta também, a partir de um enunciado de Pierre Boulez, a idéia da moderna obra de *arte aberta* como um *neobarroco*.

mente, ao assumir a função de arte persuasiva, formativa, posta a serviço de uma ideologia – a da contra-reforma e até, como querem alguns autores, a da própria reforma nos países protestantes –, o barroco teve que abrir-se, teve que sugerir, teve que excitar, teve que propiciar a co-participação imaginadora do homem comum. Essa abertura, quando excessiva, incontrolada, levou mesmo ao surgimento de um barroco popular, muitas vezes deformador, caricatural, ingênuo. Mas o certo é que tanto nesse tipo de criação primitiva, quanto na arte das capelas reais e das academias palacianas, o barroco plástico e o barroco literário representaram um dos instantes mais altos de liberação, de avanço, de adensamento da linguagem estética. Além desse vínculo de igual postura de obra aberta, o barroco e a arte de nossos dias têm a ligá-los outras pontes de mútuo acesso, outros istmos que propiciam ao crítico de hoje imaginar e concretizar mesmo, como na ficção científica, as suas viagens no *túnel do tempo,* indo e vindo de uma a outra etapa sem nenhum constrangimento, descobrindo nesta o sentido do que mal se delineou na precedente, surpreendendo afinal naquela a compreensão daquilo que nesta não se chegou a elucidar completamente. E um dos mais significativos desses pontos de contacto entre os dois momentos de evolução da arte é certamente o primado que em ambos assumiu o elemento visual. Assim como o nosso tempo faz predominar entre os instrumentos de *mass-media* os que têm como veículo a comunicação ótica – o cinema, a televisão, o cartaz, o anúncio luminoso –, o barroco valorizou e utilizou com rendimento bem grande os processos de visualização, de persuasão através da imagem, da forma, da cor. Em capítulo que dedicamos ao assunto, no livro *Resíduos Seiscentistas em Minas,* mostramos como o barroco retardatário da capitania do ouro também refletiu e deu continuidade a esse primado do visual. A sensibilidade ótica do homem barroco das montanhas, a sua permanente busca do comprazimento dos olhos podiam ser constatados, seja no aproveitamento das singularidades topográficas, no risco ousado da arquitetura, na elegância das fachadas, no ornato caprichoso das portadas, na decoração interior das igrejas, seja no colorido do ritual religioso, na pompa dionisíaca das festividades, na versatilidade cromática da indumentária ou até em detalhes como a bordadura caligráfica, a fantasia das iluminuras nos livros das irmandades e o artifício generalizado dos textos e inscrições[4].

Mas enquanto o primado do visual pretende hoje o objetivo de comunicar melhor, de mais informar, de tornar doméstica a imagem geograficamente distante, a preocupação visualizadora do barroco tinha outros fundamentos, era antes persuasória, encantatória, buscava prender pelos olhos, transmitir quase sempre uma mensagem religiosa e dela convencer o espectador através do exemplo feericamente visualizado. A verdade é que se verificou naquela etapa, como se verifica hoje, igual aguçamento da sensibilidade ótica do homem, aguçamento que a arte dos dois períodos viria forçosamente a refletir numa abertura ainda maior de suas formas.

A interpenetração das artes, a fusão de recursos anteriormente privativos de cada uma delas, a adoção de expedientes técnicos para torná-las mais expressivas ou comunicativas são inovações que, conjugando-se na obra aberta de nossa época, não passaram despercebidas ao artista barroco. Se temos no cinema a arte representativa de nosso século, arte que é um somatório de técnicas mecânicas e das linguagens de outras artes, o barroco criou a ópera, arte também de síntese e que revolucionou os princípios vigentes até então, rompendo as divisas naturais entre as formas artísticas. Adicionando à criação plástica a ilusão das massas em movimento, acrescentando à pintura uma dimensão de profundidade através das perspectivas em diagonal, o barroco preparou o caminho para o tipo de objeto artístico de hoje que já não é só pintura e é mais

---

4. A. Ávila, *Resíduos Seiscentistas em Minas,* 1. v., p. 87, e *O Lúdico e as Projeções do Mundo Barroco II*, p. 187 e 192.

que escultura, antecipando por outro lado o processo da chamada arte cinética. Essa abertura e esse interserir das formas artísticas repercutiram na literatura do barroco, do mesmo modo que viriam a repercutir, agora mais nitidamente, na literatura de nossos dias. Nasceu daí uma nova noção de estrutura da obra literária, da poesia, em decorrência da qual pôde o escritor lograr uma linguagem mais inventiva. A poesia Seiscentista, como a de hoje, foi tentada a exprimir-se em formas híbridas, procurando dizer visualmente algo mais do que podia o simples verso tradicional e recorrendo para isso ao auxílio da pintura, da gravura, em composições que se aproximam do caligrama e de outras montagens modernas. Por seu turno, os livros de emblema, embora a sua natureza de literatura conceptista e edificante, são tipograficamente antepassados remotos das nossas histórias em quadrinhos, do *comic*, esta fantasia gráfico-visual da cultura de massas. E certas concepções da atual poesia de vanguarda estão prenunciadas em poemas de autores barrocos, a exemplo de Alonso de Alcalá y Herrera, que em seus anagramas recorreu a um processo de textos permutativos, ou de Fernão Álvares do Oriente, que teve de imprimir em folha desdobrável o seu *Labirintos*[5]. Muitos desses poetas, como acontece com alguns vanguardistas de hoje, deixaram explicadas, em teorias bastante complexas, as suas composições, quase sempre incompreendidas pelo homem comum ou mesmo por outros autores coetâneos, o que não é de estranhar quando se sabe que a chamada crítica oficial de nossos dias também ela não aceita, não compreende, não assimila a poesia concreta, a poesia de vanguarda.

    Acusa-se o artista barroco, especialmente o escritor, o poeta, de ter jogado abertamente com as formas estéticas, de ter manipulado com uma gratuidade lúdica os seus instrumentos de expressão, de ter abusado dos expedientes e

---

5. Cf. Antônio Salgado Filho, Notas a Luís Antônio Verney, *Verdadeiro Método de Estudar*, Lisboa: 1950, v. II, p. 223-234 e 229 (Colecção de Clássicos Sá da Costa).

das soluções de linguagem, tornando-a com isso flácida, inconsistente, vazia de tensão semântica. Esses censores rigorosos, entre os quais se inclui para nosso desapontamento o grande filósofo da arte que foi Benedetto Croce[6], não souberam infelizmente apreender o sentido revolucionário do barroco e o acoimaram de arte de degenerescência. Presos talvez ao exemplo pouco significativo de manifestações paraliterárias, como os torneios acadêmicos ou a poesia laudatória, faltou-lhes, particularmente no caso da literatura, um pouco mais de interesse de prospecção no estudo do barroco, prospecção que lhes possibilitaria certamente elucidar as razões mais fundas dessa disponibilidade lúdica do artista. Voltamos aqui ao problema da perplexidade existencial do homem barroco, pressionado pelas forças de historicidade, pelos elementos de uma religiosidade angustiante e buscando desesperadamente anular de algum modo a sua consciência dilemática diante do inexorável "espetáculo que passa"[7]. O jogo para o homem barroco, especialmente para o artista, mais sensível ao dilaceramento humano, foi a saída instintiva que teve para deter, ainda que ilusoriamente, o lento escoar de sua situação absurda no mundo. O homem barroco jogou tanto ao elaborar a sua arte, quanto nas celebrações coletivas dos *ludi votivi* e *ludi publici,* personalizando melhor que o homem de qualquer outro período a imagem do *homo ludens* de Huizinga[8]. Aqui novamente o seu parentesco espiritual com o homem moderno, notadamente o da crise de após-guerra, o existencialista do primeiro momento sartriano na sua atitude de auto-alienação, de demissão, de descompromisso do viver-a-vida. Entretanto, a postura lúdica no terreno da

6. Benedetto Croce, *Storia dell' età barocca in Italia.* Bari-Gius: Laterza & Figli, 1967.
7. A expressão é tomada a Heinrich Wölfflin, *Conceptos fundamentales de la Historia del Arte.* 3. ed., Madrid: Espasa-Calpe, S.A., 1952, p. 180.
8. Johan Huizinga, *Homo Ludens,* Buenos Aires: Emecé Editores, 1957 (trad. bras. *Homo Ludens,* São Paulo: Perspectiva, 1971). Ver especialmente o capítulo, Cultura e Períodos "sub specie ludi".

literatura e da arte em geral nem sempre significa o gesto gratuito, a fuga ao engajamento na realidade, o comprazer ensimesmado do diletante. O artista autêntico também joga, mas joga de modo sério ao inventar as suas novas evidências, enriquecendo, às vezes com as sutilezas da criação individual, o processo global da arte. Aliás, o artista barroco, ao proceder em seu jogo criador a um verdadeiro descascamento, a um desnudamento da realidade, fragmentando-a em detalhes e minudências até então inapreendidos, ele não o fez em detrimento de um universo totalizado que deve ser o objeto artístico, mas como uma forma de adensamento da sua arte, que se realizava, como ensina Wölfflin[9], mediante a subordinação dos elementos à hegemonia absoluta da unidade. Góngora, nas *Soledades*, animando de sentido as frações de um mundo cósmico ao qual se funde a trajetória do seu peregrino, intensifica, com o adelgaçamento semântico do pormenor, o mesmo poder transmutador da realidade que se surpreende modernamente na prosa de um James Joyce. Pode-se falar, ainda, de um processo de composição que se diria hoje *estruturalista*, processo que se generalizou na arte barroca, feita de partes concatenadas, de estruturas significantemente combinadas. O sermão do padre António Vieira, ponto culminante da arte escrita barroca em língua portuguesa, ao encarar o pretexto parenético a partir de uma diversidade de ângulos que se alternam, retomam e completam num enfoque redundante, utiliza uma técnica que não difere muito da técnica do *nouveau roman*, quando este compõe um texto a partir de uma superposição de planos também de enfoque do objeto, de uma abordagem reiterativa e simultânea de secções da realidade que, na homologia de suas funções, afinal a estruturam na totalidade.

Se forem assim notórias as aproximações entre a criação artística e literária do barroco e a da nossa época, elas não o serão menos se centrarmos a nossa atenção no que se

---

9. H. Wölfflin, op. cit., p. 21-22.

pode chamar o fato estético brasileiro. Em primeiro lugar, teremos todavia que recuar até às origens de nossa formação cultural, para situar precisamente quais as forças que presidiram ao início de nosso processo civilizatório. Não obstante a nova terra revelar-se geograficamente no instante em que o surto mercantilista assinalava, com as grandes navegações, os pródromos da idade moderna, os valores preponderantes na colonização do Brasil descendiam diretamente do mundo medieval. Mas não era só a ideologia da contra-reforma, sustentando a reafirmação do religiosismo medievo e suas conseqüências de toda ordem, que marcava essa nossa defasagem, mas a própria organização política e administrativa, instaurada sob os modelos feudais, com a divisão do território em capitanias hereditárias, subdivididas estas em sesmarias imensas, de que os latifúndios são, em pleno século XX, ainda agressivas sobrevivências. Uma sociedade surgida sob tais desígnios haveria forçosamente de absorver em sua nascente cultura, ou melhor, no processo de adaptação da cultura que se transplantava com o colonizador para o novo mundo, todas as heranças de procedência medieval. O barroco revalorizava e sintetizava como filosofia, como estilo de vida, como concepção estética, o quadro dessas heranças é natural, portanto, que ele impusesse as suas formas à nossa embrionária civilização. Com a construção dos primeiros templos suntuosos da Bahia e do nordeste açucareiro, implanta-se no seiscentos brasileiro o tônus barroco, que a literatura irá repercutir com a prosa oratória do padre António Vieira e a poesia de Gregório de Matos, propiciando, ao mesmo tempo, ao longo do século XVII e na primeira metade do XVIII, uma série de manifestações menores, seja em obras individuais, seja na atividade coletiva das academias, mas sempre bastante típicas no seu barroquismo. Constatado esse caráter definidor dos nossos primórdios culturais, não é apenas ao historiador e ao sociólogo que ele passará a interessar como elemento de valia para a mais correta determinação de nossas singularidades como povo e nação. Ele deve interessar e muito também ao crítico e aos estudiosos em geral de nossas artes e letras, porquanto é no barroco que iremos encontrar, sem dúvida, o único suporte realmente válido para a fixação de uma linha de tradição ao longo da história da criação artística no Brasil. O modernismo, que, como o barroco, foi outro momento-ápice da evolução das artes em nosso país, compreendeu bem a importância da obra criativa do período colonial e, ao rever e relançar criticamente o Aleijadinho, na verdade reencontrou com ele a forma autenticamente brasileira de intuição estética – forma de ser, de estar, de criar que o artista mestiço expressara com genialidade e que ressurgira para o artista moderno como o elemento dinâmico e propulsor de toda uma potencialidade criativa. E foi certamente por essa nossa singularidade de postura criadora, de índole redutora e antropofágica em relação ao barroco europeu, à arte do Velho Mundo, que Jean-Paul Sartre, quando de sua visita ao Brasil, surpreendeu um elo inventivo entre a arquitetura de Niemeyer em Brasília e o barroquismo de Antônio Francisco Lisboa. Esse vínculo entre a arte colonial e a arquitetura moderna brasileira, exemplarmente barroquizante no edifício Niemeyer da Praça da Liberdade em Belo Horizonte, que brota do chão como uma flor de concreto e vidro, num contraste paradoxalmente aproximador com a igreja de São Francisco de Assis de Ouro Preto – nave solidamente ancorada com as suas amarras de pedra –, esse vínculo se nos afigurará ainda mais fortalecido ao contemplarmos o monumental Palácio dos Arcos em Brasília. De um despojamento grego na sua fachada, quebrando com a surpresa de sua invenção a monotonia da Esplanada dos Ministérios, equilibrando com a sua gravidade a leveza quase feminina dos dois palácios fronteiros na Praça dos Três Poderes, ele se abre num interior de austeridade claustral que lembra o São Bento do Rio de Janeiro, um interior de espaços e salas e pedras que nos reconduz a Ouro Preto, à Casa da Câmara e Cadeia, à Casa dos Contos.

A seqüência dessa linha de tradição brasileira que parte do nosso barroco percorre, embora sem um fluxo de continuidade mais nítido e uma força regular de intensidade, a evolução também da literatura brasileira. Há, sem dúvida, uma insinuação de formas barroquizantes em toda aquela vertente literária que entre nós se caracteriza pela propensão inventiva, pela criatividade da linguagem, pela ascendência da informação estética sobre a semântica. Outras vezes é a atitude filosófica, é uma consciência dual da condição humana, é o gosto conceptista o que delimita o barroquismo inato de alguns de nossos autores, em cuja ficha ancestral o crítico poderá localizar o parentesco com Vieira ou com o Matias Aires das *Reflexões sobre a Vaidade dos Homens*. Na prosa modernista, as *Memórias Sentimentais de João Miramar*, de Oswald de Andrade, e o *Macunaíma*, de Mário de Andrade[10], quebrando a linearidade da narração tradicional, violentando-a através de uma estrutura feita de fragmentos superpostos, abolindo no processo ficcional a hierarquia dos elementos fixos da composição, são obras que denunciam a sua franca compleição barroca. Elas como que prepararam o advento da realização maior da ficção moderna brasileira, o *Grande Sertão: Veredas*, de Guimarães Rosa, concepção de grandeza cervantina e portanto barroca. O cavaleiro andante Riobaldo, num dilaceramento existencial Seiscentista entre as forças de Deus e as da terra, cumpre o seu périplo entre os caminhos tortuosos do sertão, veredas que a imaginação do escritor vai minuciando em detalhes de linguagem, em bordaduras de invenção verbal, como que encaminhando o desfecho da sua estória para um plano de extasiamento lúdico, de arrebatamento religioso que culminasse entre as fulgurações do ouro mineiro do Pilar e os acordes soleníssimos da *Antífona* de Lobo de Mesquita. A poesia, por seu turno, não raras vezes retoma os fios da ancestralidade

---

10. Sobre Macunaíma, ver infra *Macunaíma*: Atualidade e Tradição, p. 81-87.

barroca e um Sousândrade, por exemplo, representa, em pleno romantismo, um elo de consciência criativa entre a poesia, do passado colonial e a do nosso século, que se inaugurará sob o auspício renovador dos simbolistas, auspício que dará depois em pleno ciclo do modernismo a barroquíssima *Invenção de Orfeu,* de Jorge de Lima. E essa poesia de desinência barroquista, em suas cadeias de ligação surpreendidas no tempo, não será uma poesia evanescente, fugidia, despaisadora. Um João Cabral de Melo Neto, ao trabalhar num remordimento formal barroco seus poemas que têm como pretexto o nordeste açucareiro, faz incidir a sua visão crítica e criadora sobre a mesma realidade, a mesma estrutura econômica monocultora, a mesma sociedade de raízes patriarcais, feudais, que suscitaram no século XVII a veemência satírica de Gregório de Matos. Dois poetas mineiros, ambos marcados pela angústia barroca da *paixão contida,* pelo sentimento do exílio humano, exprimem univocamente, numa distância de dois séculos, uma só e mesma consciência do condicionamento telúrico, paradigmatizada pelo moderno Carlos Drummond de Andrade, na "Confidência do Itabirano"[11], e pelo árcade de formação cultista Cláudio Manoel da Costa, no soneto "Destes penhascos fez a natureza/ O berço, em que nasci"[12]. Por sua vez, ao ter que definir a presença da poesia concreta num contexto novo de consciência nacional, Haroldo de Campos filiou-a com lucidez ao barroquismo no qual vê "uma das constantes da sensibilidade brasileira"[13]. E ao acompanharmos hoje com interesse as experiências do grupo que propugna uma poesia não-verbal, construída a partir de signos visuais, de formas aleatórias ou geométricas, o que verificamos também é um retorno a

---

11. Carlos Drummond de Andrade, *Poesia até Agora*, Rio de Janeiro: Livraria José Olympio Editora, 1948, p. 74.
12. Cláudio Manoel da Costa, *Obras*, Lisboa: Livraria Bertrand, [s/d], p. 98. (Obras-Primas da Língua Portuguesa)
13. Haroldo de Campos, A Poesia Concreta e a Realidade Nacional, *Tendência,* n. 94, Belo Horizonte, 1962, p. 83-94.

certas fontes de inquietação criativa do seiscentismo ibérico. O poema "Sólida", de Wlademir Dias Pino, talvez a mais racional criação da poesia de vanguarda brasileira, ao desdobrar-se em permutações de linhas, formas e cores, não estará acaso redimensionando, agora fora do contexto da linguagem verbal, o mesmo processo da *metáfora pura* de Góngora?[14]

A colocação que do barroco aqui fazemos como a nervura central da autêntica arte brasileira, como o núcleo detonador de nossa potencialidade criativa, como o fio condutor de nossa essencialidade peculiar ao longo do processo estético nacional, poderá parecer paradoxal a quem permaneça preso a um unilateralismo historicista. É que o período barroco, na sua conflitual dicotomia, impõe ao estudioso dois ângulos diferentes de interpretação. Enquanto ideologia da contra-reforma, enquanto filosofia de ação colonizadora, ele foi dogmático, fechado, rígido, conservador, absolutista. Já na qualidade de estilo de vida, de forma estética, o barroco, funcionando como a válvula de escape da contenção religiosista, abriu-se em flexibilidade ritual, em maleabilidade criadora. Embora o nosso projeto como nação política deva conter como princípio a superação de heranças ideológicas e estruturais de fundo deformador, cumpre-nos ao mesmo tempo manter a necessária clarividência crítica para buscarmos distinguir e preservar, das matrizes de ancestralidade, os traços positivos que conferem à nossa cultura o seu caráter definidor, a sua maturação de consciência, a sua dignidade afirmadora. A arte nova, a literatura nova tem a obrigação de saber que toda criação, não obstante a sua modernidade, a sua novidade, está apoiada sempre numa linha de tradição, elemento dinâmico a mover e impulsionar o processo estético. Se a nossa arquitetura hoje se exporta, se a nossa ficção hoje se exporta, se a nossa poesia hoje

---

14. Sobre a Metáfora Pura de Góngora, ver Damaso Alonso, *Estudios y Ensayos Gongorinos*, Madrid: Editorial Gredos, 1955, p. 42-46.

se exporta, se o nosso cinema e a nossa música hoje se exportam, é porque estamos exportando com a nossa arte a nossa própria expressão nacional, a qualidade – mais do que a novidade – do nosso modo de ser como povo, como nação. Somos uma arte adulta porque soubemos, com o modernismo, reencetar a linha de tradição da inventividade, da abertura de forma que nos legou o barroco. E a nossa responsabilidade como artista paradoxalmente adulto, num país ainda subdesenvolvido como o Brasil, nos prescreve uma atitude de permanente consciência crítica, consciência tanto diante da realidade de nosso contexto, quanto da dignidade afirmadora de nossa própria arte. E só estaremos exercendo essa consciência enquanto formos capazes de *inventar*, pois – para utilizar aqui um conceito bem adequado de Michel Butor – "toda invenção é uma crítica"[15]. Uma crítica – acrescentamos – exercida não apenas sobre a linguagem, mas principalmente sobre a realidade de que ela emerge, que ela exprime, que ela denuncia, realidade que cabe ao artista auxiliar a modificar com a ação sempre renovadora da arte verdadeiramente inventiva.

1968

---

15. Michel Butor, *Rèpertoire III*, Paris: Les Éditions de Minuit, 1968, p. 7 (trad. bras., *Repertório*, São Paulo: Perspectiva, 1974, p. 191).

A NATUREZA E O MOTIVO EDÊNICO
NA POESIA COLONIAL

A natureza do Brasil, com a exuberância tropical, exerceu poderoso fascínio sobre o descobridor português, desde o seu contacto inicial com a terra. O primeiro documento escrito que alude a esse impacto emocional do homem luso é a carta de Pero Vaz Caminha. O entusiasmo da descoberta, o aspecto imponente da paisagem e as possibilidades de desfrute da terra acenderam a imaginação do escrivão da frota de Cabral, fazendo de seu relato o ponto de partida do edenismo que envolveria os primitivos surtos de exploração e povoamento da colônia. Sérgio Buarque de Holanda abordou, em seu ensaio *Visão do Paraíso*[1], esse fator mítico do processo colonizador brasileiro, fixando a sua influência na ocupação efetiva do país. A crença na

1. S. B. de Holanda, *Visão do Paraíso* – os motivos edênicos no descobrimento e colonização do Brasil, Rio de Janeiro: Livraria José Olympio Editora, 1959. (Coleção Documentos Brasileiros, v. 107)

localização de ricas regiões perdidas, que levaria Fernão Dias Paes a buscar a decantada Serra das Esmeraldas, aqui aportou com os descobridores, que, como ensina o ensaísta, apenas davam seqüência a lendas correntes na Europa, à época das grandes navegações. Mas o que objetivamos é mostrar, no quadro da poesia colonial, a funda relação entre o motivo edênico e a linha ufanista, que, aliás, impregna até os nossos dias a literatura brasileira de um permanente culto à natureza. Porque os autores coloniais, presos embora à tutela dos modelos portugueses, traíam, já em suas composições poéticas ou nas descrições em prosa, a sublimação da paisagem natural. Essa mesma paisagem que representaria, a seguir, no romantismo, o cenário ideal das histórias de ficção e o elemento plástico de toda uma poesia que procurou aproximar-se da terra e retirar das raízes nativas temas, imagens e vocabulário. Antes, portanto, que a realidade social chamasse a sua atenção para os problemas do homem e o interessasse na conjugação dos contrastes e peculiaridades que compõem a verdadeira fisionomia nacional, extasiou-se o escritor no encantamento e na celebração da natureza. O céu, o mar, a flora, os campos, a montanha, os rios, a fauna estimularam abundantemente o trabalho criador, de modo particular na área da poesia. O próprio modernismo, apesar de voltado para uma visão de profundidade do fato nacional, não escapou à tentação da natureza e, decorridos mais de quatro séculos da carta de Vaz Caminha, continuamos a louvar com a mesma ênfase o nosso "paraíso terreal".

Antes de focalizar cada aspecto da presença da natureza na poesia colonial, devemos assinalar, em nossos poetas do período, o desenvolvimento da constante ufanista, do mito dos atributos paradisíacos de nosso país. A sublimação do culto à natureza, manifestado antes em autores menores como Bento Teixeira Pinto e outros, aparece como "background" na épica do século XVIII. Tanto *O Uraguai* de Basílio da Gama, quanto o *Caramuru*, de Santa Rita Durão, utilizam a natureza como fundo da ação narrada, emprestando aos versos a coloração nativa que neles ameniza ou neutraliza a dureza da estrutura sintática e rítmica de gosto quinhentista. Menos espontâneo que Basílio, Santa Rita Durão foi, no entanto, mais objetivo na descrição da paisagem, da qual se ocupa pormenorizadamente no canto vi e que é também elemento intercorrente ao longo de todo o poema. Por seu turno, o orgulho nativista é quase programático na fase brasileira de Alvarenga Peixoto, que, na argumentação comparativa presente em peças do feitio de *Sonho Poético* ou *Canto Genetlíaco,* conclui sempre exalçando a terra natal: "Isto que Europa barbaria chama,/ do seio das delicias tão diverso,/ quão diferente é para quem ama/ os ternos laços de seu pátrio berço!". A concepção mítica de que habitávamos um país edênico, sobre o qual o céu teria feito cair as bênçãos de Canaã, conduziu certamente o inconfidente a este verso prosaico, porém significativo: "bárbara terra, mas abençoada"[2]. Análoga explicação aventamos para a alusão de Silva Alvarenga à fertilidade excepcional do solo, quando, em *A Gruta Americana,* escreve que a terra produz "os frutos sem trabalho"[3]; e para estes versos em que Cláudio Manoel da Costa fala da perenidade da primavera:

> São estas, são as regiões benignas,
> Onde nutre a perpétua primavera
> As verdes folhas[4].

A flora brasileira, na riqueza e diversidade de suas cores e formas, é um dos fortes agentes do determinismo telúrico em nossa poesia. No substrato do verso de teor

---

2. Manuel Rodrigues Lapa, *Vida e Obra de Alvarenga Peixoto*, Rio de Janeiro: Instituto Nacional do Livro, 1960, p. 34-35 e 44-45.
3. Manuel Ignácio da Silva Alvarenga, *A Gruta Americana*, em *Collectanea de Auctores Mineiros, Poetas*, v. I, organizada por Mário de Lima, Bello Horizonte: Imprensa Official, 1922, p. 185. (Publicações do Centenário em Minas Geraes)
4. Cláudio Manoel da Costa, Villa Rica, em *Anuário do Museu da Inconfidência*, IV, Ouro Preto, 1955-1957, p. 113 a 197, canto vi, p. 163.

nativista, a paisagem vegetal – a mata, a árvore, a flor, o fruto, o verde dos campos – chega a ser uma variante do motivo edênico, através do qual o poeta realça a virtude da terra prometida. Ao descrever ou aproveitar na elaboração poética esses elementos da natureza, ele não raro recorre à linguagem hiperbólica e adjetivosa, na manifestação eufórica de seu sentimento nativo. Daí a feição retórica assumida por determinados trechos de poemas ou composições inteiras em que o lirismo sucumbe à ênfase impressionista. Não obstante isso, a paisagem vegetal está presente em criações de nível artístico superior como fonte de vivas potencialidades. Já Gregório de Matos incorporava a seus poemas as notas da flora baiana, decantando os frutos da Ilha de Itaparica: "O melão de ouro, a fresca melancia": Dele são também estas redondilhas, onde o recorte do litoral surge da simples visualização de duas plantas típicas: "Ontem avistamos terra,/ E quando na terra vi/ Coqueiros e bananeiras,/ Disse comigo: Brasil"[5]. Minucioso nas suas descrições, Santa Rita Durão enumera, no canto VII do *Caramuru*, as nossas espécies vegetais, muitas vezes acompanhadas de seus atributos e características[6]. Mas foi Silva Alvarenga, o poeta colonial, que se apercebeu melhor das possibilidades de aproveitamento no verso desse estímulo da natureza tropical brasileira. Libertando-se já das amarras arcádicas, ele emprestou maior espontaneidade à expressão lírica, numa impostação poética fluida e desataviada. Descobrindo na sugestividade da paisagem natural o conteúdo plástico de uma linguagem nova, mais autenticamente brasileira que a das liras de Gonzaga, Silva Alvarenga foi, com maior propriedade que o cantor de Marília, um precursor do romantismo. O seu rompimento

---

5. Gregório de Mattos, *Obras*, LV – *Satírica*, v. 1, Biblioteca de Cultura Nacional. Publicações da Academia Brasileira, Rio de Janeiro: Oficina Industrial Gráfica, 1930. Romance XXV.
6. Frei José de Santa Rita Durão, *Caramuru – Poema Épico do Descobrimento da Bahia*, Rio-Paris: Livraria Garnier, 1913. (Coleção de Autores Célebres da Literatura Brasileira.)

com o arcadismo luso se nota, por exemplo, na substituição de figurações tradicionais por tropos de conformação visivelmente nativa: "Sacro Loiro não me inflama:/ Da Mangueira a nova rama/ Orne a frente do Pastor". Aliás, a mangueira e seu fruto são figuras constantes nos madrigais de Silva Alvarenga, associadas sempre aos seus quadros amorosos: "Ah cruel! por que não vamos/ Colher mangas preciosas,/ Que prometem venturosas/ Os seus ramos encurvar?". Também as ninfas se transpõem para o mundo brasileiro e assistem com os seus dons na árvore do país: "Dríade, tu que habitas amorosa/ Da mangueira no tronco áspero e duro". A imagem do cajueiro desponta igualmente com freqüência na poesia do autor de *Glaura*, sendo mesmo a planta nordestina o tema de duas de suas composições. Há ainda em seus versos repetidas referências à laranjeira, cuja cultura já se achava definitivamente aclimatada na colônia[7]. A excelência das laranjas brasileiras merecera antes entusiástico, embora prosaico, elogio de Manuel Botelho de Oliveira, no poema "À Ilha de Maré", do livro publicado em 1705, *Música do Parnasso* (aliás, verdadeiro sumário das plantas naturais e cultivadas da colônia): "As laranjas da terra/ Poucas azedas são, antes se encerra/ Tal doce nestes pomos,/ Que o tem clarificado nos seus gomos"[8]. Menos descritivo que o desenxabido Manuel Botelho, Silva Alvarenga deixa entrever, nesta invocação do madrigal XVIII, o contraste de cores que tanta beleza empresta aos laranjais no ciclo da floração:

> Suave Agosto as verdes laranjeiras
> [...]
> Vem feliz matizar de brancas flores[9].

---

7. M. I. da Silva Alvarenga, *Glaura – Poemas Eróticos*, Biblioteca Popular Brasileira, v. XVI. Rio de Janeiro: Instituto Nacional do Livro, 1943, p. 10, 14, 109, 124 139, 182, 196, 218, 221 e 227-228.
8. Manuel Botelho de Oliveira, *Música do Parnasso*, organização de Antenor Nascentes, Rio de Janeiro: Edições de Ouro, 1967, p. 148. (Clássicos brasileiros)
9. M. I. da Silva Alvarenga, op. cit., p. 225.

Do mesmo modo que a flora, a fauna trouxe à poesia elementos enriquecedores de seu estrato nacional. Os animais silvestres, desconhecidos dos descobridores portugueses em muitos de seus exemplares, chamaram a atenção dos primeiros exploradores não só pela variedade e quantidade, mas sobretudo pela ferocidade daquelas espécies que obstavam o internamento nas selvas. A imaginação do colonizador, trabalhada pela impressão do contacto com um mundo misterioso guardado por serpentes e feras, acrescentou novos capítulos ao fabulário de bichos dos indígenas, dando origem a importante ciclo de nosso folclore. Exerceu também poderoso influxo na sensibilidade do homem transplantado para o Brasil a beleza das aves nativas, com o colorido de sua plumagem e a diversidade de vozes dos pássaros. A literatura buscou sempre sugestão e imagens em nossa fauna, vindo modernamente a criar, ainda em torno de animais da terra, histórias curtas para entretenimento infantil. Na poesia, os temas e referências faunianos ocorrem ao longo de toda a sua evolução, aparecendo já entre os autores coloniais o esboço de um bestiário autóctone. Gregório de Matos compõe, aproveitando os efeitos verbais da nomenclatura indígena, a curiosa décima iniciada com o verso "indo à casa dos tatus"[10]. Os animais originários do país servem a Santa Rita Durão para o levantamento de um de seus quadros da natureza brasileira, no canto VII do *Caramuru*. É ele talvez o primeiro de nossos poetas a realçar as virtuosidades canoras do sabiá, que constituiria a partir de então motivo poético valorizado pela linha de índole romântica de nosso verso. Durão salienta uma das peculiaridades mais curiosas dos turdídeos: "Na terra os sabiás sempre são mudos./ Mas junto d'água tem a voz que encanto"[11]. Outro poeta a deter-se na consideração minuciosa da avifauna foi Cláudio Manoel da Costa, que, no canto X de

---

10. G. de Mattos, *Obras – Última*, v. VI, Biblioteca de Cultura Nacional. Publicações da Academia Brasileira, Rio de Janeiro, 1933.
11. Fr. J. de Santa Rita Durão, op. cit., canto VII.

Vila Rica, recenseou também a fauna selvagem das regiões mineiras. Nessa peça, onde escasseiam os momentos de verdadeira expressividade poética, sobressai no canto IV, pela força descritiva, a cena do ataque à cobra sucuri[12]. O papagaio – ave sempre louvada nas histórias de humor pela graça de seu palrear imitativo da voz humana e modernamente tomada como símbolo brasileiro na ficção infantil ou nas fantasias cinematográficas – adquire no poema "O Desertor", de Silva Alvarenga, significado emblemático diverso, quando, voando em nuvens no "fértil sertão da Aiuruoca", é para o poeta "semelhante a um povo amotinado". Outro animal emblema de nossa fauna – a onça –, no qual figuramos simultaneamente idéias de ferocidade, insídia e agilidade, comparece também na poesia do autor de *Glaura*[13].

Voltando aos aspectos paisagísticos da natureza em que se formou o homem brasileiro, veremos que a montanha, a princípio envolta na onda mítica pela miragem da Serra das Esmeraldas, cedo perdeu os seus contornos misteriosos para erigir-se em simples acidente geográfico, em obstáculo para a marcha do explorador, convertendo-se, em seguida, na muralha natural que atuaria como fator de insulamento de todo um contingente humano. Daí atribuir-se correntemente à influência da paisagem física de sua região montanhosa a singularidade de temperamento do homem mineiro, em quem as reações psicológicas difeririam das que distinguem os caracteres dos naturais de outras partes do país. Não sabemos até onde irá a validade científica dessa afirmação, mas o certo é que a montanha, delimitando os horizontes e interceptando aos olhos as longas perspectivas dos mares e das planícies, não deixa de levar o espírito do montanhês a criar as suas próprias zonas de fuga na exacerbação da imaginação e da vida interior, respostas barrocas ao seu condicionamento

---

12. C. M. da Costa, op. cit., p. 149-150.
13. M. I. da Silva Alvarenga. O Desertor, *Obras Poéticas*, coligidas por J. Norberto de Souza, Rio de Janeiro: B. L. Garnier, 1864 – Canto III.

telúrico. A presença da montanha, assim como da nostalgia do mar manifestada mesmo no folclore regional, é já de início constatada nos poetas coloniais que nasceram ou viveram em Minas. Em uma de suas liras, Tomás Antônio Gonzaga, utilizando em rendimento poético a antítese *oceano-interior montanhoso*, antecipa para a amada as sensações da viagem marítima e a incita a essa aventura, de que ele próprio guardava memória de anteriores experiências: "Deixa, Marília, agora,/ as já lavradas serras./ anda, afoita, romper os grossos mares"[14]. Imbuído sempre de consciência nativista, Alvarenga Peixoto busca, ao contrário, exaltar a paisagem e as virtudes da região, quando celebra o nascimento em Minas do filho do governador D. Rodrigo de Menezes: "Vós, experimentareis conto se empenha/ em louvar estas serras e estes ares/ e venerar, gostoso, os pátrios lares"[15]. Por seu turno, Silva Alvarenga, no quadro das sugestões telúricas que compõem *A Gruta Americana*, procura fixar a imagem visual da Mantiqueira, que "os longos campos abraçar presume"[16]. Mas de todos os poetas da época o que explicitou melhor a sua condição de montanhês foi Cláudio Manoel da Costa. São nele freqüentes as referências às serras, às montanhas, aos penhascos, aos montes, mesmo na parte lírica de sua obra. Sentindo-se tomado da vertigem do insulamento e prisioneiro da paisagem escarpada de sua terra, exprimiu esse estado de alma em sonetos e éclogas, na *Fábula do Ribeirão do Carmo* e no arremedo épico *Vila Rica*. Daí falar nas "Altas serras, que ao céu estais servindo/ De muralhas" ou "Na confusão das serras, e dos montes,/ Que assombram todos estes horizontes". A extensão do sistema orográfico mineiro ainda mais o impressiona por não permitir divisar-se o início ou o ponto remoto de suas formações, porquanto nesse enca-

---

14. Tomás Antônio Gonzaga, *Obras Completas* I – *Poesias/Cartas Chilenas*, edição crítica de M. Rodrigues Lapa. Rio de Janeiro: Instituto Nacional do Livro, 1957, p. 98.
15. M. Rodrigues Lapa, op. cit., p. 34.
16. M. I. da Silva Alvarenga, op. cit., p. 184.

deamento de montanhas apenas variam aspectos e nomes: "Sempre o princípio te há-de ser oculto,/ Quando chegues ao fim do rio ou serra". E o depoimento de Cláudio sobre a sua condição de poeta nascido nas montanhas não ficou restrito a notas impressionistas. Esse inelutável condicionamento montanhês foi mesmo o pretexto deste soneto que perfila entre as criações mais altas da lírica de língua portuguesa:

> Destes penhascos fez a natureza
> O berço em que nasci; oh quem cuidara,
> Que entre penhas tão duras se criara
> Uma alma terna, um peito sem dureza!
>
> Amor, que vence os tigres, por empresa
> Tomou logo render-me; ele declara
> Contra o meu coração guerra tão rara,
> Que não me foi bastante a fortaleza.
>
> Por mais que eu mesmo conhecesse o dano,
> A que dava ocasião minha brandura,
> Nunca pude fugir ao cego engano:
>
> Vós, que ostentais a condição mais dura,
> Temei, penhas, temei; que Amor tirano,
> Onde há mais resistência, mais se apura[17].

Os poetas coloniais não se detiveram na contemplação da paisagem marinha com o mesmo enlevo observado na celebração de outros aspectos da natureza do país. É certo que as referências ao mar e às suas conotações repontam em alguns de seus versos, porém são quase sempre incidências em poemas de ação como o *Caramuru*, quando não simples figurações da linguagem lírica subjetiva. O tema não se impôs a nenhuma das principais criações poéticas daquele período e, se autores como Gregório de Matos, no século XVII, e Alvarenga Peixoto, no seguinte, se

---

17. C. M. da Costa, op. cit., canto II, p. 142 e canto VI, p. 163; *Obras*, Lisboa: Livraria Bertrand, [s/d.], p. 78, 98 e 124-131.

ocuparam da sugestividade de ilhas ou baías, isso ocorreu em incursões isoladas de significação menor em sua obra. Mas se o mar foi componente assim secundário no fundo plástico da poesia colonial, o mesmo não sucedeu com relação ao rio. E os nossos poetas, também nesse passo, não seguiram servilmente os paradigmas portugueses, sabendo distinguir nos rios brasileiros um elemento referencial e não mera projeção tópica do Tejo e do Mondego. Dentro dessa tomada objetivante, o São Francisco foi para Santa Rita Durão tão só o caminho natural de seu herói *(Caramuru,* canto VI, estrofes VIII a XIII), enquanto ao reportar-se ao Amazonas o mesmo épico o fez em função do encontro de Caramuru com os espanhóis de Pizarro. Para Basílio da Gama, o rio Uruguai é, da mesma forma, referência histórica, o palco da luta entre portugueses e os índios das missões jesuíticas. Outros poetas houve que consideraram o rio já em relação com a economia local, assim Silva Alvarenga em *O Amante Satisfeito,* poema no qual alude aos diamantes do Jequitinhonha[18], e Cláudio Manoel da Costa, este nas várias passagens de sua lírica e de *Vila Rica,* onde o bucólico ribeirão do Carmo está associado à faina do ouro em suas areias e margens. O objetivismo de Cláudio, evidência incômoda para a crítica oficial que nele convencionou o árcade suspiroso das ninfas portuguesas, leva-o mesmo a esboçar prosaicamente, neste ponto de nítida vinculação telúrica, uma descrição geral dos rios de Minas *(Vila Rica,* canto VIII).

Não se pense, todavia, que abonamos, para toda a poesia de sugestão nativa de nossos autores coloniais, um caráter objetivante. Ao contrário, devemos acentuar que os elementos da natureza foram por eles celebrados primacialmente em sua beleza plástica, não obstante já como componentes de uma paisagem inquestionavelmente brasileira. Pode-se criticar, é verdade, nos dois épicos, em Cláudio, em Silva Alvarenga, em Gonzaga ou até no

---

18. M. I. da Silva Alvarenga, op. cit., p. 102.

Alvarenga Peixoto de após o salto nativista, o apego a topos, imagens, invocações mitológicas de gosto reinol, enfim certo amaneiramento luso do verso. Isso não autoriza, todavia, que se afirme, em termos rigorosamente críticos, que os poetas coloniais se tenham alienado diante do mundo físico que, em contrapartida à formação ibérica de todos eles, condicionou a sua experiência americana. E o fato de haverem muitas vezes conformado a sua imaginação ao fenômeno edenista, numa identificação psicológica com o colono comum, influiu mesmo para que se preparasse entre nós o advento do romantismo, antecipado, aliás, na inovação rítmica de um Gonzaga ou na linguagem de um Silva Alvarenga.

1961

SOUSÂNDRADE: O POETA
E A CONSCIÊNCIA CRÍTICA

O relançamento da obra poética de Sousândrade, na admirável edição crítico-antológica de Augusto e Haroldo de Campos[1], coloca em debate um problema literário que nos parece fundamental e que é o da crítica e suas limitações como atividade avaliadora e judicativa da obra de criação numa perspectiva de contemporaneidade. Até que ponto o juízo dela emanado pode adquirir instância decisória diante de valores estéticos que apenas começam a ser impostos e sobre os quais o crítico ainda não se encontra apto a exercer o seu trabalho mensurador? A deficiência e a defasagem da informação têm sido, sem dúvida, os fatores responsáveis pela reserva e mesmo timidez normativas da crítica, que prefere assim julgar a partir sempre

1. Augusto e Haroldo de Campos, *Revisão de Sousândrade*, São Paulo: Edições Invenção, 1964 (3. ed. revista e ampliada, São Paulo: Perspectiva, 2002).

de padrões estabilizados do que correr o risco de acompanhar a obra literária na aventura de seu processo dinâmico e criativo. Foi talvez essa incapacidade de sincronização da crítica que levou Sartre à sua impiedosa invectiva: "Temos que lembrar que a maioria dos críticos são homens que não tiveram muita sorte e que, no momento em que estavam nos limites do desespero, encontraram um modesto posto tranqüilo de guardião de cemitério"[2]. O sarcasmo sartriano não nos impede, todavia, de reconhecer o esforço honesto de alguns críticos, quando frente ao autor excepcional ou à arte inovadora. Ocorre apenas que esse esforço está comumente neutralizado pela carência informativa, pela falta de abertura no sentido do novo, do que foge ao convencional. E o resultado é o equívoco de julgamento, a contrafação valorativa. A sanção do crítico de ofício, quase sempre intangível no seu mandarinato, não fica, porém, adstrita ao seu pronunciamento pessoal, pois nele se baseará o historiador das letras e neste o professor de literatura. Verifica-se, então, esse fato lamentável que é a canonização do erro, da distorção crítica. É certo que uma nova mentalidade surgiu com o criticismo, com a implantação da análise estrutural, mentalidade que passa a imprimir, também no Brasil, uma direção de maior rigor ao exercício da crítica. Porque nossos críticos e historiadores literários, à falta de um critério diretivo, vinham até agora elegendo como método muitas vezes a impressão subjetiva e o veredicto do gosto fácil, reiterando e consagrando com isso uma opinião sem apoio nos dados estéticos, insensível e alheia ao teor criativo de que se reveste a verdadeira obra de arte.

O "caso Sousândrade" representa o mais flagrante exemplo de autor marginalizado, em decorrência ao mesmo tempo da desatualização da crítica que lhe foi contemporânea e do espírito acomodatício de nossa história da literatura. Realmente, a crítica dos períodos romântico e parnasiano,

2. Jean-Paul Sartre, Que é Escrever, IV, tradução de Laís Corrêa de Araújo. Suplemento Dominical do *Estado de Minas*, Belo Horizonte: 22 de dezembro de 1963.

durante os quais se desenvolveu cronologicamente a peripécia criadora do poeta maranhense, não estava equipada para apreender aquilo que fugisse aos estereótipos, à mediania das escolas. Quando muito, logravam os críticos mais avançados manter-se alertas com relação às últimas idéias filosóficas em voga na Europa, sem que isso, entretanto, trouxesse rendimento e atualidade mais efetivos à sua consideração do trabalho literário em si, como ocorreu com os nossos cultores do germanismo e do cientificismo da segunda metade do século XIX. Subordinando-se passivamente à índole retórica e impressionista que caracterizou a maioria de nossos autores da época, a crítica representativa do romantismo foi ainda mais acanhada em suas incursões e postulações, consoante se depreende dos recentes levantamentos procedidos pelo ensaísta e pesquisador José Aderaldo Castello[3]. Natural, portanto, que a poesia de Sousândrade acontecesse em seu tempo como um fenômeno insuspeitado, um *terremoto clandestino*. Ao recensear a produção poética do terceiro período romântico, o historiador das letras Sílvio Romero, lúcido tantas vezes, apenas registrou o seu espanto diante da poesia de Sousândrade, assinalando-lhe a excepcionalidade da temática e da linguagem, embora negando nele "a destreza e a habilidade da forma"[4]. Mais atilado talvez, José Veríssimo retira-o da faixa de marginalidade, identificando-o no processo de evolução de nossa poesia como um dos possíveis precursores e mestres brasileiros do simbolismo[5]. Quanto a Araripe Júnior – o terceiro nome da tríade principal de nossa crítica do fim do século XIX e princípios

---

3. José Aderaldo Castello, *Textos que Interessam à História do Romantismo*, I e II, São Paulo: Conselho Estadual de Cultura – Comissão de Literatura, 1961 e 1963. (Coleção Textos e Documentos)
4. Silvio Romero, *História da Literatura Brasileira*, v. 4, 24-c, Rio de Janeiro: Livraria José Olympio Editora, 1949, p. 80. (Coleção Documentos Brasileiros)
5. Cit. Andrade Muricy, *Panorama do Movimento Simbolista Brasileiro*, v. 1, Rio de Janeiro: Instituto Nacional do Livro, 1952, p. 60 (3. ed., revista e ampliada, São Paulo: Perspectiva,1987, p. 94).

do xx –, este simplesmente ignorou, ao que consta, a obra de Sousândrade, o que é lamentável num crítico que mostrava um interesse maior para o fato estético novo e uma intuição menos tímida da natureza íntima da obra de arte, como o comprovam idéias surpreendidas em trabalhos seus como *Estética e Eletricidade ou A Arte como Função*[6]. Assim, o autor de *O Guesa Errante*, não obstante a sua coetaneidade com experimentadores e experiências dos mais ousados da poesia universal (Sousândrade faleceu em abril de 1902, quatro anos após a morte de Mallarmé), não logrou em vida o estudo e a receptividade que a importância de sua obra impunha. Faltaram aos homens do tempo nível informativo e perspectiva crítica para julgá-la adequadamente.

O trabalho dos irmãos Campos repõe, portanto, em circulação um poeta e uma poesia praticamente omitidos por nossa história literária, mas o faz numa dimensão de modernidade estética que realça a significação premonitória da obra de Sousândrade e a projeta como marco brasileiro de uma linha poética realmente criativa. Confirma-se, deste modo, com um pouco de atraso, a previsão feita ao próprio poeta de que somente seria compreendido cinqüenta anos depois. A introdução assinada pelos seus relançadores constitui, nas setenta páginas de texto, análise de estrutura das mais completas e instrumentadas do gênero da nova crítica nacional e na qual se indicam, com mestria, os caminhos de acesso ao mundo multifário do poeta. O comportamento do artista diante da realidade de que emergem seus temas, as implicações de ordem social e vivencial que condicionam a sua atitude criadora, a linguagem e seus desdobramentos nos estratos semântico, sintático e sonoro, enfim, tudo que compõe a estrutura poética e denuncia o seu processo foi atentamente estudado em Sousândrade. Poesia de complexa elabora-

---

6. Araripe Junior, *Obra Crítica de Araripe Junior*, v. I, Rio de Janeiro: Casa de Rui Barbosa, 1958, p. 499; v. II, idem, 1960, p. 189. (Coleção de Textos da Língua Portuguesa Moderna)

ção intelectual e lingüística, ora penetrada de profundas radicações filosóficas, ora agudamente aberta à conscientização de problemas éticos e políticos, outras vezes marcada de surpreendentes reverberações líricas, *O Guesa* e as demais composições incluídas na antologia não se comunicam pelos canais comuns à nossa poesia anterior ao simbolismo, não se entregam a uma fruição fácil e imediata. Daí a importância do trabalho analítico-interpretativo de Augusto e Haroldo de Campos, que, num esforço de aplicação hermenêutica, vão decompondo e revelando cada aspecto singular da obra sousandradina, para a nossa final inteligência e apreensão totalizadora dos poemas, tarefa complementada no mesmo nível crítico pelo ensaio-posfácio de Luiz Costa Lima. O método comparativo, que os dois antologistas adotam em seu estudo, tem a vantagem não só de situar o nosso poeta numa perspectiva de evolução criativa da linguagem, como também de evidenciar a significação inovadora de sua poética em relação a autores estrangeiros que lhe foram contemporâneos ou aos quais se antecipou em suas audaciosas soluções.

A posição de vanguarda assumida por Sousândrade no panorama de nossa poesia do século XIX ele a deveu, certamente, à sua formação européia e ao contacto de muitos anos com o já então movimentado centro de progresso e cultura que era Nova York nas alturas de 1870, fatores sem dúvida de sua atualizada informação artística e clara visão dos fenômenos históricos e sociais. A consciência crítica que faltou aos seus coetâneos brasileiros, notadamente àqueles que deveriam ser os avaliadores de sua obra, ele a deixou implícita no seu processo poético ou a explicitou nos depoimentos acerca de suas criações. Será difícil, todavia, delimitar em Sousândrade aquilo que, em sua textura formal, se deve creditar a um talento inventivo realmente privilegiado e o que reflete um trabalho redutor de constantes aquisições, leitor e estudioso que se mostrava das letras clássicas e da poesia em línguas modernas. A verdade é que *Re visão de Sousândrade* reconstitui um poeta de estatura universal, em quem se completam a intuição criadora e o lastro de cultura solidamente assentado. E no seu estudo introdutório, ao lado de outras afirmações em que salientam a individualidade do nosso poeta, os organizadores do volume chegam a sustentar, na apreciação do confronto Sousândrade-Baudelaire, que a obra do brasileiro "aporta uma contribuição original, que não se confunde com a do pai do simbolismo francês"[7]. Isso depois de anotarem que as *Harpas Selvagens*, primeiro livro do maranhense, são de 1857, o mesmo ano da publicação de *Les Fleurs du Mal*. Neste passo, porém, somos conduzidos a discordar dos antologistas, porquanto podem-se assinalar, na poesia sousandradina, vários pontos de aproximação com a de Baudelaire, evidentes não só na "Harpa XXXIV", onde notas de um lirismo mórbido lembram claramente *Une charogne*, como em outros fragmentos. A simples argüição da simultaneidade de aparecimento de *Harpas Selvagens* e de *Les Fleurs du Mal* não fortalece a tese do antagonismo absoluto de feição lírica e de características de linguagem entre os dois poetas, nem torna, por outro lado, inviável a hipótese de ter Sousândrade conhecido por antecipação poemas reunidos mais tarde no livro do poeta francês. Durante o período de sua formação universitária em Paris, que, segundo a síntese biográfica incluída na *Re visão*, se desdobrou em duas etapas, não teria o brasileiro tomado conhecimento de poemas que, desde 1845, Baudelaire vinha publicando na imprensa literária parisiense, apresentando-os mesmo sob o título já coletivo de *Les Fleurs du Mal* no número de 19 de junho de 1855 da *Revue des Deux Mondes*?[8] De qualquer modo, pode-se su-

7. A. e H. de Campos, op. cit., p. 76; 3. ed., p. 123.
8. Cf. André Ferran, Introduction, em Charles Baudelaire, *Poèmes*. Paris: Hachette, 1951, p. 14 e 15: Le ler juin 1855, *la Revue des Deux Mondes* publiait dix-huit poèmes de Charles Baudelaire, sous le titre collectif *Les Fleurs du Mal*. [...] Divers poèmes avaient paru, de 1845 à 1852, dans *L'Artiste, Le Corsaire, Le Magasin des Familles, Le Messager de l'Assemblée, La Semaine Théâtrale, La Revue de Paris*. (Em junho de 1855, a revista *Dois Mundos* publicou dezoito poemas de Charles Baudelaire,

por ter sido essa ressonância ou consonância baudelairiana que levou José Veríssimo a apontar o poeta maranhense como um dos precursores do simbolismo brasileiro. Aliás, com bem fundadas razões, pois há em Sousândrade, além do clima lírico que às vezes sugere o de *Les Fleurs du Mal*, versos que antecipam concretamente, em sua, estrutura musical e de imagens, soluções bem ao gosto dos nossos simbolistas. Alphonsus de Guimaraens não subscreveria um verso como este de nítida índole mística: "Eu só medito, a Deus só me alevanto"? ("Harpa XXVI"). E o dístico seguinte de *O Guesa*, também colhido ao acaso, quadraria exemplarmente como fecho de um dos sonetos de Cruz e Souza:

> Levanta-se o fantasma dos nevoeiros
> Entre a coroa dos astros dos espaços!
> (*O Guesa*, canto VII)

Não nos propomos, todavia, deter em aspectos estruturais da poesia de Sousândrade e possíveis fontes de influência ou ocorrências paralelas, pontos já exaustivamente estudados pelos relançadores do poeta. Pretendemos limitar nossas observações ao problema do comportamento da crítica diante do autor de *O Guesa* e da consciência por ele manifestada da incompatibilidade estética entre a sua obra revolucionária e os padrões então entre nós consagrados. Fazendo preceder os fragmentos de *O Guesa* de um texto denominado "Memorabilia", que serviu de introdução às edições primitivas dos cantos V a VII e VIII do poema, Augusto e Haroldo de Campos nos colocam num contacto direto e valioso com o pensamento de Sousândrade sobre questões ligadas à sua arte e à sua criação. Essa pequena súmula estético-ideológica, consubstanciada nas "Memorabilia", contém elementos que denunciam a boa informação do poeta

sob o título coletivo de *As Flores do Mal* [...]. Diversos poemas surgidos de 1845 a 1852, entre os quais: *O Artista, O Corsário, A Loja das Famílias, O Mensageiro da Assembléia, A Semana Teatral, A Revista de Paris.*)

e, mais do que isso, a intuição crítica que, conferindo a ele a sua singularidade, faltou porém aos nossos analistas literários em sua época. A leitura das "Memorabilia" torna-se, por outro lado, imprescindível para a inteligência de textos de mais elaborada fatura poética, a exemplo do "Inferno de Wall Street" e outros fragmentos de *O Guesa*. Inicialmente, elas preconizam a lucidez da criação artística, reivindicam para o trabalho do poeta, como condição primeira, a *plenitude intelectual;* a que não será estranha a imposição da autenticidade pessoal. Anotando que os mestres, ao contrário de prendê-lo a formas imitativas, o ensinaram a ser *individualidade própria, ao próprio modo acabada,* o poeta exalta a *forma original: forma que é o traço deixado pelo pensamento, e que vereis ainda ser a única absolutamente verdadeira*: Desenvolvendo o seu raciocínio, Sousândrade chega a uma intuição realmente notável do problema da assimilação e redução de formas, tão atual e relevante para a nossa arte de país novo, ao concluir que, dentre os estilos estrangeiros que enumera, *uns são repugnantes e outros, se não o são,* MODIFICAM-SE À NATUREZA AMERICANA (o destaque é nosso). Nessa lição da técnica sabiamente apreendida e recriada talvez estivesse para ele, tal como está para a nossa literatura de vanguarda de hoje, o caminho do fazer *nosso* e *novo,* o corretivo consciente contra o espírito de improvisação e a concepção imatura que nos autores nacionais *adormentam o pensamento, afrouxam a idéia do homem.*

Além de conceitos gerais sobre a poesia, Sousândrade aborda nas "Memorabilia" a sua experiência pessoal de artista, num depoimento que é também roteiro de seu trabalho em *O Guesa*. O poeta parecia, antes de tudo, convencido de que sua atitude criadora era positivamente de vanguarda, de que arrostava a impopularidade, a incompreensão, de que o seu êxito, como no paradoxo sartriano, era igualmente o seu fracasso. "Ouvi dizer já por duas vezes que *O Guesa Errante* será lido cinqüenta anos depois; entristeci – decepção de quem escreve cinqüenta anos antes": Esse risco, entretanto, ele o correu lucidamente, certo de que cantava *um novo canto;* que não se assemelhava "a nenhum outro canto": Contrariando a concepção idealista então vigente, a poesia representava para ele compromisso que o poeta se impunha – *work, not ritual*, conforme sua citação. Tudo indica que o projeto de *O Guesa* foi executado, tal como modernamente viria a fazer William Faulkner em referência à sua ficção[9], a partir de um esquema cronológico e itinerário: "o poema – revelam as "Memorabilia" – há de ser acompanhado do seu mapa histórico e geográfico". Aliás, o poeta se afigurava bastante sensível às impressões concretas da realidade, aos elementos de pressão visual. Até no "plano tipográfico, devem ter atuado sobre Sousândrade manchetes e recursos compositivos dos jornais da época", observam Augusto e Haroldo de Campos[10], estribados na própria confissão do maranhense: "No Canto VIII agora, o Autor conservou nomes próprios tirados à maior parte de jornais de New York e sob a impressão que produziam" ("Memorabilia"). Verifica-se aí o recurso à técnica de colagem, à futura maneira joyciana ou nos moldes do que viria a realizar John dos Passos através do seu *Olho Cinematográfico*[11]. Parece que também Michel Butor foi aqui antecipado no seu método de tomadas visuais de *Móbile* – um

9. Como se sabe, William Faulkner idealizou o mapa, seguido de esquema geográfico e estatístico, do condado imaginário de Yoknapatawpha, cuja sede seria a cidade de Jefferson, no Estado do Mississipi. Nele decorrem e se movimentam, num plano de identidade histórica e social com a realidade sulina, os pretextos e os personagens de seus principais romances.
10. A. e H. de Campos, op. cit., p. 30; 3. ed., p. 55
11. C. Leon Howard, *A Literatura Norte-americana*, tradução de Péricles Eugênio da Silva Ramos, São Paulo: Cultrix, 1964, p. 208-209: "Seu método era impressionístico; consistia na busca episódica de uma variedade de tipos representativos, e no uso de três recursos extraordinários para o propósito de transmitir um conveniente segundo plano de impressões ao leitor: o olho fotográfico da corrente de consciência de um observador sensível e perceptivo, um jornal cinematográfico de manchetes e fragmentos de notícias e de trechos de canções populares, e biografias impressionísticas de figuras históricas ligadas à ação fictícia. O objetivo do conjunto era um retrato, sem foco, da cena cultural norte-americana durante o primeiro quartel do século vinte, quando seu centro econômico se estava mudando para oeste, ao longo do paralelo 42".

exemplo de montagem estruturalista, na definição de Roland Barthes[12] –, pois Sousândrade já lançara mão de processo análogo ao justapor e montar as impressões do *Guesa* em sua peripécia, parte da qual decorre nos Estados Unidos ("Canto X"), fato geográfico este com o qual coincidiria a viagem-tema do escritor francês[13]. Em sua linguagem despretensiosa mas objetiva, depõe o nosso poeta: "Ele – o autor de *O Guesa* – vai ouvir a voz de cada natureza; e trata o gênio de cada lugar à luz do momento em que por ali passa" ("Memorabilia").

A consciência crítica do poeta extrapolou do terreno artístico, para fazer-se incidir também sobre a problemática social de seu tempo, sobre o nosso contexto de realidade nacional. Augusto e Haroldo de Campos, da mesma forma que Luiz Costa Lima, analisaram em seu devido sentido as manifestações de uma coerente atitude participante em Sousândrade, comportamento que diferiu, no entanto, do verificado em outros poetas do período romântico, voltados antes para uma tematização ingênua e retórica de sugestões brasileiras, do que propriamente para a conscientização de nosso fato definidor como povo e como nação. Embora explorando o assunto indianista, *O Guesa* não se inclui na linha de exaltação do "bom selvagem", do herói mítico por meio

---

12. Cf. Roland Barthes. L'Activité Structuraliste, *Les Lettres Nouvelles*, 32, Paris: Julliard, Février 1963, p. 75 (trad. bras., A Atividade Estruturalista, *Crítica e Verdade*, São Paulo: Perspectiva, 1970). Também sobre Móbile, escreve Olivier de Magny, em *A Escrita do Impossível*, II, tradução de Laís Corrêa de Araújo, Suplemento Dominical do *Estado de Minas*, Belo Horizonte: 7 de setembro de 1963: "O texto de Móbile (texto, tecido, mosaico, aliás ajustado, de coisas tomadas tais quais, imobilizadas, nomeadas, recenseadas, adicionadas – soma por repetição das coisas constatadas como tais), o texto de Móbile se lê como se percorre um continente, as palavras se dispõem na página como as coisas no solo, as palavras no branco da página como as coisas no ar, no espaço. [...] O texto se estabelece na sua coincidência com aquilo que aparece. O texto, como a realidade, não se explica. Aparece, se impõe".

13. Essa coincidência não passou desapercebida a Augusto de Campos, que, no artigo A Prosa é "Móbile" – II, Suplemento Literário de *O Estado de S. Paulo*, São Paulo: 30 de março de 1963, sugere "o exame dos pontos de contacto da representação butoriana com a de outro visitante dos EUA, o brasileiro Sousândrade".

do qual procuraríamos resgatar-nos artificialmente de nosso desígnio de país sem tradição étnica. O índio no poema de Sousândrade é, na verdade, o anti-herói de nossa contingência latino-americana, a edificação simbólica do homem que não possui o domínio da própria terra e expia no seu nomadismo a maldição do subdesenvolvimento, da espoliação colonial. *O Guesa* torna-se, portanto, sob esse ângulo, um ancestral de *Macunaíma*, em cuja incaracterização e origem também abrangentemente sul-americana procurou Mário de Andrade, por seu turno, identificar eticamente, no bojo da rapsódia brasileira, uma negativa singularidade continental. É certo que Sousândrade demorou a sua visão crítica de preferência sobre os pólos opostos da realidade colonial e da realidade capitalista, contrapondo ao episódio do inferno brasileiro do "Tatuturema" (apenas fragmentariamente citado na introdução dos antologistas) o episódio do "Inferno de Wall Street". Visão crítica esta que se fez exprimir até mesmo no plano da estruturação da linguagem poética, elaborada a partir de uma montagem polilíngüe. No "Tatuturema", mesclam-se ao português palavras e frases latinas e nheengatus – um *tupilatim*, como sugerem Augusto e Haroldo de Campos –, processo que talvez traga implícitos uma alusão irônica à mania brasileira das citações em Latim, de gosto bacharelesco e provinciano, e um propósito de salientar o caráter de autonomia que a nossa língua assumia em relação ao português peninsular. Porque Sousândrade tinha uma noção já correta do problema lingüístico do Brasil, tendo mesmo observado nas "Memorabilia" que "a nossa ortografia portuguesa não se entende entre si".

A síntese biográfica ao fim do volume mostra, ainda que em traços sucintos, o perfil do homem Sousândrade, em dados que não apenas conformam a sua personalidade tão singular, como também auxiliam uma compreensão melhor de sua atitude artística e de seus postulados críticos. Se não teve como cidadão uma atuação ostensivamente política, ele não deixou, todavia, de participar das lutas populares do tempo, nelas se engajando como abolicionista e republicano. Natural, portanto, que procurasse encaminhar, sempre que a sua atividade pública o ensejasse, o estudo e debate daqueles problemas de ordem conjuntural aos quais, como intelectual, se revelou tão sensível. Daí preocupar-se com a reforma do ensino, a criação de escolas mistas e a fundação de uma Universidade Popular, projeto precursor talvez das modernas universidades técnicas ou universidades do trabalho só agora na pauta de nossos programas de educação. Sugerindo no binômio "inteligência e locomotiva" a fórmula para a emancipação econômica do Estado do Maranhão, Sousândrade parecia convicto de que a questão pedagógica brasileira deveria ser solucionada através de uma escola integrada à realidade nacional. A esta suposição nos autoriza também o ponto de vista por ele esposado nas "Memorabilia" e que estimamos outra de suas agudas intuições críticas, porquanto válida ainda hoje: "a nossa escola não é nossa e nada ensina aos outros; estudando os outros, tratamos então de elegantizá-los em nós, e pelas formas alheias destruímos a escultura da nossa natureza, que é a própria forma de todos". As falhas, deficiências e distorções de nossa inteligência e a ausência de uma cultura nacional autônoma e superior, assim como "a falta de ciência e de meditação" de nossa literatura ("Memorabilia"), constituiriam, portanto, desdobramentos negativos da causa primária de nosso atraso mental e técnico: a escola alienada. Esta consciência de antenas ligadas para o futuro, que teve contra si a omissão da acanhada direção intelectual do país em seu tempo, justifica e nos faz repetir a conclusão de Augusto e Haroldo de Campos de que Sousândrade, dentro do conceito já clássico de Norbert Wiener, "viveu efetivamente", tanto no plano estético, quanto no ideológico, "pois viveu com a informação adequada"[14].

1965

14. A. e H. de Campos, op. cit., p. 77; 3. ed. p. 124

O ARTISTA E O ESCRITOR NA SEMANA DE 22

O modernismo aí está, com seus cinqüenta anos bem contados, e ainda não tivemos a sua grande interpretação, a obra crítica demarcadora de suas reais dimensões e que, não obstante tão reclamada, continua a desafiar a vitalidade de nosso ensaísmo. Por enquanto, temos de nos valer, para uma visão de maior alcance da revolução e criatividade modernista, de abordagens parciais, algumas – é certo – de referência compulsória como a conferência famosa de Mário de Andrade; os depoimentos esparsos de Oswald de Andrade e outros integrantes do grupo de choque da Semana; o volume preambular da *História* de Mário da Silva Brito ou recorrer a estudos específicos sobre a obra individual de determinados autores. No que tange então à avaliação do contributo revolucionário de 22 ao campo das artes plásticas, a indigência bibliográfica vinha sendo até agora ainda mais flagrante, obrigando os eventuais interessados a verdadeiras proezas de pesquisa em jornais e revistas nem sempre de fácil acesso, à procura de artigos ou reportagens circunstanciais. Foi essa a barreira que teve de vencer Aracy Amaral, quando se dispôs a proceder ao balizamento desse território omitido ou negligenciado da primeira hora modernista[1], levantamento que conduziu a ensaísta não só a desencobrir, num insuspeitado arquivo morto, um mundo de informações de peso documentário capital, mas principalmente a empreender através dele a recolocação histórica da função desempenhada pelas artes visuais na implantação do movimento. Seu livro, *Artes Plásticas na Semana de 22*[2] – trabalhado com o rigor da pesquisa, mas sem os cacoetes do especialista aferrado ao exclusivismo setorial do enfoque –, passa a perfilar de imediato entre as poucas obras capazes de nos proporcionar uma idéia global do clima e do ambiente em que se desenrolou a hoje cinqüentenária batalha campal da renovação modernista. De certo modo, o de Aracy Amaral vem mais precisamente completar o livro pioneiro de Mário da Silva Brito, tornando possível agora, através da leitura conjugada dos dois volumes, acompanharmos o desencadeamento e a seqüência dos fatos que antecederam a Semana e aqueles que, constituindo o próprio substrato da promoção, datariam de vez a instauração entre nós do processo de modernidade estética. Pouco importa que no contexto desses livros, a ênfase da autora tenha se dirigido aos aspectos da exposição de pintura, escultura e arquitetura, notadamente quanto aos artistas participantes e às obras expostas. O trabalho de Aracy, para trazer a exame o seu objeto específico, mobilizou, no entanto, uma soma de elementos críticos e históricos que desbordam para as demais áreas abrangidas pela manifestação, logrando com isso recompor uma imagem bastante extensiva e fiel do contexto revolucionário.

1. Cabe aqui uma ressalva, quanto ao livro de Paulo Mendes de Almeida, *De Anita ao Museu*. São Paulo: Conselho Estadual de Cultura 1961 (2. ed. São Paulo: Perspectiva, 1976).
2. Aracy Amaral, *As Artes Plásticas na Semana de 22*, São Paulo: Perspectiva, 1970 (5. ed., São Paulo: Editora 34, 1998).

Aracy Amaral desloca, por conseguinte, a perspectiva crítica sobre a Semana do foco até agora convencionado como principal – o literário, para, reatando os fios de uma inquietação formal latente nas atividades plásticas do Brasil pré-modernista, localizar as fontes e influências que, condicionando-a e estimulando as suas incipientes formulações, acabariam por convergir objetivamente para o repto renovador ostensivo de 22. Isso não sem antes reconstituir o ambiente cultural mais amplo das duas primeiras décadas do século, quando, não obstante a introdução de então novas técnicas de linguagem artística e de comunicação, como o cinema e a publicidade, os padrões acadêmicos ainda se faziam prevalecer nas artes plásticas, alheamente àqueles dispersos sinais de inconformismo e contaminando com mesma ingenuidade de gosto estético a generalidade do contexto. Pelo quadro levantado por Aracy Amaral, podemos, portanto, avaliar com maior justeza histórica o impacto que realmente provocaria, no meio de uma elite social e cultural de molde provinciano como a de São Paulo de 1917, a (para a época) insólita exposição de Anita Malfatti. Se os germes da insatisfação criativa já se denunciavam anteriormente em mostras de 1913 e 1914 de Segall e da própria Anita, seria a segunda exposição da pintora de *O Homem Amarelo*, com a novidade mais definida de suas proposições expressionistas, não só o fator de *arregimentação* da "consciência de rebeldia", como queria Mário de Andrade[3], porém de fato um divisor de águas que, a partir daí, repartiria em campos opostos e inconciliáveis as forças da nascente modernidade e as da reação conservadora. A atitude de Monteiro Lobato, no malsinado artigo "Paranóia ou Mistificação", exprimiria tanto a sua idiossincrasia contra um estilo artístico, que agredia pela raiz a postura de seu realismo de substância regional, quanto à média do comportamento cultural

3. Idem, p. 93.

de que o autor de *Urupês* era evidentemente qualificado termômetro. O impulso das novas soluções arquitetônicas, que naquela altura começavam a ser introduzidas na fisionomia urbana de São Paulo, não constituiria, por seu turno, fator bastante para modificar de imediato o hábito visual ou, mais precisamente, a sensibilidade rotineira afeita às formas convencionais. Entretanto, apesar do bloqueio cultural em torno das tímidas apartações de uma mentalidade de renovação artística, esta se sedimentaria, afinal, estendendo a vontade de reformulação estética a outras áreas da criação e agenciando em seu favor toda a disponibilidade crítico-criativa da geração jovem. Seria a partir dessa conscientização que o projeto de realização da Semana iria concretizar-se, pondo em marcha um movimento já potencializado, mas que sem a ruidosa *festa de vernissage* não teria por certo se dimensionado como a primeira demonstração pública e aberta de uma tomada de posição totalizadora da inteligência brasileira.

Ao destacar o papel de precedência do artista plástico na eclosão do movimento-modernista, não pretendeu Aracy Amaral minimizar o desempenho igualmente decisivo que coube no caso ao intelectual moço. Com efeito, se na atuação do pintor ou do escultor então se reconhecia há já algum tempo uma função quase didática de veiculação de novas formas, de novas soluções e aquisições da linguagem plástica, a partir do instante de deflagração da luta polêmica assumiria o escritor posição bem mais agressiva, no corpo-a-corpo do debate crítico e teórico, bem como na articulação de um grupo de choque. A ensaísta frisa seguidamente, o fato de que a organização de uma *semana de arte,* para divulgação dos trabalhos e idéias dos elementos aglutinados na nova tendência, surgiu de uma sugestão de Di Cavalcanti, então jovem jornalista e caricaturista de algum sucesso na imprensa de São Paulo. Mas já nessa altura, pelo que documenta de igual modo o rico material de informação em que se apóia Aracy Amaral, o problema da estética moderna era abertamente debatido nos jornais, onde Oswald e Mário de Andrade, dentre outros, a preconizavam com veemente lucidez. Sete anos antes da Semana, num artigo publicado em *O Pirralho*, Oswald chamava atenção para questão específica da pintura nacional, assumindo ali, no dizer de Aracy Amaral, "antes mesmo da exposição de Anita, de 1917, seu lugar de incentivador da renovação das artes no Brasil"[4]. Assim, paralelamente ao trabalho de assimilação e atualização de formas, evidenciado na obra dos primeiros artistas renovadores, ocorria um processo de conscientização crítica que, na verdade, só poderia efetuar-se, com rendimento imediato, na órbita de atividade do escritor ou, mais precisamente, através do jornalismo literário. Era por meio de colunas permanentes ou de artigos eventuais dos jovens revolucionários que os postulados modernistas encontravam audiência mais ampla, suscitando simpatias ou reações. Isso quase sempre sob o impacto de um estilo de combate, um estilo insólito para um país e um meio cultural afeitos, pela própria formação colonialista e provinciana, "a pensar com atraso, a sentir com atraso, a ver com atraso", como enfatizava Oswald – no feitio desabusado de sua prosa jornalística – em pleno cruzar de fogos da escaramuça de 22[5]. Aliás, identificando no autor de *Serafim Ponte Grande* um dos poucos espíritos "que participaram daquele momento histórico com lucidez suficiente para medir a grandeza do marco que representou a Semana"[6], Aracy Amaral nos dá na figura de Oswald, pela constante referência à sua atuação de linha de frente, a medida da consciência revolucionária dos moços modernistas. De fato, ao lado do ativismo de índole mais teórica de Mário de Andrade, o criador de *João Miramar* foi quem melhor do que ninguém soube desmistificar naquele passo, pela contundência crítica, os falsos valores do que constituía,

4. Idem, p.35.
5. Idem, p.116.
6. Idem, p.193.

então, a vida intelectual brasileira, dominada pelo "analfabetismo letrado"; mediocrizada pelo orgânico "desgosto por todas as manifestações superiores"[7].

Embora sem a pretensão de ser ensaio abarcador das múltiplas proposições, de ordem crítica ou criativa, trazidas a curso pela arrancada modernista de 22, o livro de Aracy Amaral se orienta, todo ele, dentro de uma linha de enfoque de inteira coerência. Os fatos vinculados, próxima ou remotamente, à realização da Semana, não são ali encarados numa perspectiva meramente episódica, mas, ao contrário, como elos concatenadores de um fenômeno de maior profundidade, de que tais fatos seriam a expressão historicamente oportuna e adequada. Ainda que reconhecendo o débito dos artistas de 22 para com os paradigmas europeus do expressionismo ou do cubismo, Aracy consegue vislumbrar na criação modernista, ou na que a precede imediatamente, um sentido realmente *novo*, não tanto pelas características da aparência formal, porém por uma diferente maneira de ver o objeto, de compor o volume, de utilizar a luz, a cor ou o espaço. Nessa peculiaridade, que emerge da obra do nosso artista de vanguarda da época, ela identifica o esboço de um modo formador ao mesmo tempo brasileiro e *moderno*, revelador, portanto, de uma consciência criativa em vias de autonomia, e amadurecimento. O artista da primeira hora modernista começa, a seu ver, deliberadamente ou por imposição histórica, a situar-se em relação ao contexto nacional em mudança, impregnando a concepção plástica de elementos decorrentes não só de uma impressão visual de gosto localista, mas ainda – o que é principal – de uma estrutura de sensibilidade e um processo de mentar que iriam definir gradativamente a moderna criatividade brasileira. Aracy remonta de início à campanha de Ricardo Severo pelo reatamento de uma tradição arquitetônica nossa e, sempre atenta no decurso do livro ao desenvolvimento de uma

---

7. Oswald de Andrade, citado por A. Amaral, op. cit., p. 113 e 134.

tal índole de essencialidade, vai surpreendê-la em alguns aspectos das obras expostas durante a Semana. Depois de salientar a procura premonitória do *nacional* na arquitetura do momento, evidenciada num dos próprios participantes da mostra de 22 – Georg Przyrembel (que passou "6 meses em Ouro Preto, conhecendo o interior mineiro e estudando a arquitetura colonial brasileira"[8]) –, a ensaísta chama atenção para a presença do elemento brasileiro na pintura, por exemplo, de um Vicente do Rego Monteiro. Na ideologia da Semana conviveriam, portanto, dialeticamente, o *universal* e o *nacional*, confirmando no nosso caso aquele paradoxo contido na observação de Harold Rosemberg – citada a propósito por Aracy Amaral – de que, naquele instante da história da arte, não obstante ser Paris "o oposto do nacional em arte, a arte de cada nação desenvolveu-se através de Paris"[9]. Realmente, verificaríamos pouco depois, na fase antropofágica de uma Tarefa ou – logo a seguir – na obra de motivação tipicista de um Di Cavalcanti, a *redução* (via Paris) operada com relativa rapidez de uma influência cubista, para uma arte de autenticidade brasileira. Com isso se concretizava, afinal, em termos de uma criação artística de nível maior, aquela *pintura nacional* reivindicada por Oswald bem antes de 22. E foi analisando-a sob um ângulo mais de significado cultural do que propriamente de história específica da arte, que Aracy Amaral logrou erguer da Semana famosa de 22 uma imagem criticamente válida. Ou seja, como o desencadear da única revolução cultural de estrutura já empreendida neste país fascinado pelas revoluções de superfície.

1972

---

8. A. Amaral. op. cit., p. 237.
9. Idem, p. 222.

NAS VERTENTES DA SEMANA DE 22: O GRUPO MINEIRO DE *A REVISTA*

O transcurso do cinqüentenário da Semana de Arte Moderna é ensejo, mais que oportuno, para uma reflexão não só sobre o seu significado abrangente de revolução estética e conscientização ideológica, de revisão crítica do fato nacional e de sintonização com as linhas renovadoras do pensamento universal, mas também para algumas ilações de ordem mais parcial, capazes, no entanto, de iluminar, com a obviedade de determinadas constatações, a grande síntese de interpretação do modernismo que ainda está por escrever-se. Uma dessas ilações consistiria, a nosso ver, na consideração do evento paulista de 1922 como um dos passos cíclicos fundamentais de nossa evolução estética, dentro de perspectiva sincrônica que conduzisse a uma idéia totalizadora do processo criativo brasileiro. São três esses instantes-ápices em que se opera, a largos saltos, a definição de nossas essencialidades no terreno da arte e da literatura, e hoje, focalizando-os sob uma só e mesma visada de alcance simultâneo, não será difícil demarcar em cada um deles a sua faixa de contingência, a sua aportação de *novidade*, e, em contraposição, o estrato de permanência, enriquecedor de especificidades, com que contribuíram a seu turno para a afirmação e consolidação de um modo de ver e de formar *brasileiro*, de uma intuição criadora *brasileira*. No primeiro passo cíclico, dentro das linhas mais acentuadas da cultura em transplantação, surpreendemos o barroco a preparar – com a adaptação de suas formas a uma nova realidade e a materiais igualmente novos – todo o suporte sobre o qual viria a desenvolver-se uma fantasia que tenderia fatalmente a tornar-se autônoma. Na etapa seguinte, em consonância com o próprio empolgamento da emancipação política, o romantismo liberará uma sensibilidade conturbada pela exacerbação tropical, o que fora antes descontraimento formal na iniciação barroca desdobrar-se-á francamente numa literatura de peculiarismo das sensações, da imaginação, do colorido. O modernismo, retificando os rumos de nossa progressão estética, promoveu a retomada da direção encetada nos passos cíclicos precedentes, ao mesmo tempo em que fazia inserir nossa arte e nossa literatura num quadro universal de atualidade criativa. Tentar precisar até que ponto os vetores principais do movimento de 1922 – a formatividade inventiva e a conscientização crítica do nacional – vinculam-se às coordenadas de análogas (ainda que de outro nível) propulsões do barroco e do romantismo, eis uma sugestão que poderá ser das mais frutuosas para quem pretenda abordar um dos muitos aspectos que envolvem a Semana de Arte Moderna em seus importantes desdobramentos[1].

Uma segunda ilação – a que aqui particularmente nos interessa –, de âmbito crítico mais modesto talvez, porém igualmente útil para a compreensão do modernismo, residirá no enfoque das circunstâncias em que ocorreu a expansão do

[1]. Este estudo foi depois por nós dimensionado no trabalho Do Barroco ao Modernismo: o desenvolvimento cíclico do projeto literário brasileiro, em *O Modernismo*, São Paulo: Perspectiva, 1975, p. 29-37 (coletânea por nós organizada, Coleção Stylus, 1).

movimento após a demarragem de 1922, com a disseminação nacional dos propósitos renovadores e a conseqüente integração na nova corrente estética de outros centros que secundariam a ação dos núcleos pioneiros de São Paulo e Rio de Janeiro. Está fora de dúvida que um projeto da radicalização do modernismo só lograria, naquela altura da vida brasileira, assegurada repercussão se lançado numa das duas maiores cidades, dadas as condições de liderança tanto cultural quanto política ou econômica que desfrutavam em relação ao restante do país e as possibilidades efetivas de divulgação e penetração propiciadas por sua imprensa. Entretanto, a consolidação do movimento ficava na dependência não apenas da ação persuasória de seus líderes e teóricos, mas da aceitação mais generalizada das idéias e formas que preconizava, de sua assimilação principalmente por intelectuais e artistas jovens ainda não comprometidos ou afetados pela antiga ordem estética. O surgimento de novos grupos identificados com a revolução detonada pela Semana de Arte Moderna se verificaria assim com intermitência nos anos imediatos, marcando a adesão de mineiros, gaúchos, baianos e nordestinos, que, além de engrossar quantitativamente as correntes modernistas, logo lhe fariam aportar contribuições originais e enriquecedoras como as da poesia de Minas e do romance do Nordeste. Estudar, por conseguinte, o movimento instaurado em São Paulo sem focalizar os aspectos diversificados de sua expansão, de sua projeção nacional, resultaria numa imagem incompleta do modernismo que, em seus cinqüenta anos de história já bem medidos e contados vem constituindo o grande fulcro crítico, estético e ideológico do projeto nacional brasileiro, síntese diretiva de todo um esforço, uma vontade, uma sensibilidade concretizados em dimensão criativa. O levantamento e a análise das manifestações regionais desse fenômeno de irradiação e integração começam, felizmente, a merecer a atenção dos estudiosos, a exemplo do caso de Minas, objeto do ensaio-tese de Fernando Correia Dias[2],

2. Fernando Correia Dias, *O Movimento Modernista em Minas – Uma Interpretação Sociológica*, Brasília: Ebrasa, 1971.

que, nesta visada pioneira, preferiu examinar, na ocorrência mineira da implantação modernista, o seu lado de fato de natureza sociológica. Isto não impede, todavia, que o livro nos abra e sugira perspectivas de ordem da crítica e da história literárias, auxiliando incursões como as deste texto, que poderão no futuro desdobrar-se em estudo mais longo e de pretensão mais ambiciosa.

Os primeiros sinais de uma revolução literária de sentido modernista em Minas não devem ser sumariamente entendidos como conseqüência imediata da Semana de 22. É certo, porém, que, entre a insurreição declarada dos paulistas e a inquietação quase velada dos jovens mineiros que ensaiavam à época os primeiros passos na literatura, verificou-se uma correlação de fatalidade histórica mais profunda, que a simples necessidade de datação ou vinculação episódica não explicaria satisfatoriamente. Um fenômeno de maior abrangência, que se poderia definir genericamente como *espírito moderno,* identificava então as tendências renovadoras na Europa, e suas ressonâncias, se chegadas com maior vigor a São Paulo junto à bagagem de torna-viagem da burguesia intelectualizada do café, também não deixariam de transpor a Mantiqueira, neste caso como informação escrita em meio aos pacotes de livros importados que os moços de Minas devoravam com sua fome de novidade. Abordando a atuação do chamado grupo modernista de Belo Horizonte, que conceitua, em sua ótica de sociólogo, como uma *unidade coletiva real,* Fernando Correia Dias situa Carlos Drummond de Andrade e seus companheiros numa área inicial de assinalada autonomia, só aos poucos penetrada mais abertamente por influências de outros centros, isto de modo especial pelo contacto com o grupo de São Paulo. O poeta de *Brejo das Almas* depõe que "o pequeno grupo de rapazes mineiros dados às letras não tomou conhecimento" da Semana de Arte Moderna à época de sua realização, embora outro modernista de Minas, Guilhermino César, mais ligado aos grupos posteriores da *Verde* e do *Leite Griolo,* prefira entender que, ao ocorrer em São Paulo a ruidosa promoção, "toda uma geração de Belo Horizonte já estava preparada para secundar o movimento". Houvesse ou não intercâmbio já efetivo entre um e outro dos agrupamentos, o certo é que, apenas um ano depois da Semana, o paulista Oswald mencionava o mineiro Drummond em conferência pronunciada – note-se bem – na Sorbonne em Paris, demonstrando estar a par da atividade – a que dava relevo com sua referência – do jovem poeta de 21 anos que era então o moço de Itabira[3]. O criador de *João Miramar*, procedendo assim ao batismo internacional do nome literário de Drummond, estabelecia ao mesmo tempo o elo crítico talvez mais remoto entre os da Semana e os modernistas de Minas.

É a partir de 1924, ano de memorável visita a Minas de uma caravana de modernistas de São Paulo, integrada por Oswald, Mário, Tarsila, dentre outros, e a companhia sobre todos ilustre do escritor francês Blaise Cendrars, que se concretiza o entrosamento entre mineiros e paulistas, num processo de interação no qual caberia a estes últimos, evidentemente, papel teórico e preceptivo, estímulo a que os moços de Belo Horizonte responderiam com a parcela, quase sempre de entonação subjetiva, de seu entusiasmo crítico e criador. Procedendo a uma reconstituição da aventura brasileira desse grande viajante que foi Cendrars, Aracy Amaral teve ocasião de focalizar detalhes do acontecimento – a viagem a Minas – a nosso ver decisivo para a fixação de rumos do grupo mineiro e mesmo para a obra individual de seus jovens poetas e prosadores[4]. O modelo assimilado através do trabalho literário, a admiração intelectual cultivada à distância, a

---

3. Idem, p. 12-14, 35-36 e 45. Quanto à conferência de Oswald de Andrade – O Esforço Intelectual do Brasil Contemporâneo –, pronunciada na Sorbonne a 11 de maio de 1923, foi ela republicada no Suplemento Literário do *Minas Gerais*, Belo Horizonte: 20 de abril de 1968, p. 4 e 5, em tradução de Heitor Martins.

4. Aracy Amaral, *Blaise Cendrars no Brasil e os Modernistas*, São Paulo: Livraria Martins Editora, 1970.

provável amizade ainda meio formal nascida porventura das primeiras cartas transformam-se, de súbito, com a chegada dos paulistas, na palavra informal e espontânea do diálogo, no descontraimento da curiosidade satisfeita, na afetividade do convívio pessoal não importa se episódico. Drummond salienta em cores bem vivas o significado da visita, estabelecendo mesmo um paralelo entre o encontro ocorrido com Mário de Andrade, em sua importância para os moços de Belo Horizonte, e a própria Semana de Arte Moderna:

> Apareceu em BH uma caravana de modernistas de São Paulo, e ficamos conhecendo pessoalmente Mário de Andrade, ao longo de imensa conversa de hotel e de rua. Mário foi para nós, mais que a Semana, o Tempo modernista, sua encarnação e exemplificação mais direta e empolgante[5].

Se os mineiros, pouco além de adolescentes em 1922, não foram à Semana, a Semana acabou vindo até eles, representada no périplo barroco de 1924 pelo que o movimento deflagrado em São Paulo ostentava de mais autêntico em liderança, contestação, renovação e criatividade. E seriam mutuamente fecundos os resultados dessa verdadeira réplica mineira da Semana, pois enquanto a vanguarda paulista, com o *roteiro das Minas,* redimensionava em profundidade a sua consciência da realidade brasileira, incorporando à ideologia do modernismo uma nova visão crítica do nacional, a geração de escritores que despontava em Belo Horizonte tomava por sua vez, naquele instante, consciência de si mesma, identificando-se como grupo sintonizado com a corrente estética em expansão e apto por isso a contribuir para o seu fortalecimento. Em contrapartida ao impacto da epifania barroca, vivida nas velhas rotas de Ouro Preto, São João del Rei, Congonhas ou Sabará e traduzida criativamente na obra imediata de Tarsila, Mário e Oswald (os desenhos de sugestão mineira, o *Noturno de Belo Horizonte,* os poemas

5. F. C. Dias, op. cit.,. p. 36.

do *Roteiro das Minas*), surgiria – também e significativamente pouco depois do encontro, hoje histórico, de paulistas e mineiros – *A Revista* de Drummond, Emílio Moura, João Alphonsus, Pedro Nava e demais companheiros.

"Na perspectiva atual" – escreve Fernando Correia Dias – "seria difícil julgar esses números da modesta revista (58 páginas de texto, em cada número). Ao gosto de hoje parecerá um tanto eclética. A escolha dos colaboradores é conciliatória". Sem radicalizar-se, *A Revista* insinuava, no dizer de Drummond, "a pimenta modernista no chocho trivial da literatura acadêmica da época"[6]. Mas essa atitude conciliadora, imposta em parte pelas condições de um meio cultural marcadamente conservador e em parte refletindo o próprio temperamento mineiro, avesso à ação de choque e ao alarde promocional, não impediria – como podemos concluir da leitura crítica que aos poucos vamos realizando da histórica revista – que o grupo de Belo Horizonte se definisse com bastante coerência já no primeiro número da publicação, revelando em linhas gerais o seu ajustamento às coordenadas da renovação modernista. Embora Fernando Correia Dias observe que *A Revista* só viesse a alcançar no terceiro número "um grau mais razoável de homogeneidade, dentro do espírito modernista"[7] – entendida essa homogeneidade no aspecto formal da linguagem dos trabalhos de criação dos colaboradores, reforçados àquela altura pela presença prestigiadora e amadurecida de Manuel Bandeira, Mário de Andrade, Guilherme de Almeida e Ronald de Carvalho –, o número de estréia já evidenciava, a nosso ver, uma inquestionável coesão de pensamento, perfeitamente afinada com a posição crítico-ideológica do movimento iniciado em São Paulo. Este, fortalecido pelo êxito das escaramuças de vanguarda e pela atuação compacta de saneamento crítico do ambiente literário e artístico, encaminhava-se, com a

---

6. Idem, p. 41-42. O autor de *O Movimento Modernista em Minas* alega, porém (p. 39), não ter podido "compulsar o primeiro número" de *A Revista*, a nosso ver o número realmente *definidor* da posição do grupo mineiro.

7. Idem, p. 41.

adesão de contingentes novos de outros estados, para uma etapa de consolidação e construção, cuja tônica viria a ser a ostensiva conscientização do fato nacional. Com efeito, é em 1924 – mesmo ano da visita a Minas pelo grupo de São Paulo – o *Manifesto da Poesia Pau Brasil*, de Oswald de Andrade, documento mais do que eloqüente da evolução substancial que se operava nas diretrizes crítico-criativas do modernismo. Natural, portanto, que *A Revista*, ao promover no ano seguinte a entrada da gente mineira no debate renovador de nossas letras, o fizesse já em consonância com essa evolução, numa igual firmeza de convicção nacionalista. Declarando-se *jovens*, mas não *românticos*, os moços de Belo Horizonte afirmavam sua posição na plataforma intitulada "Para os Scepticos"; usando mesmo de certa agressividade:

não sabemos de palavra mais nobre que esta: política. Será preciso dizer que temos um ideal? Ele se apóia no mais franco e decidido nacionalismo. A confissão desse nacionalismo constitui o maior orgulho de nossa geração [...]. Depois da destruição do jugo colonial e do jugo esclavagista, e do advento da forma republicana, parecia que nada mais havia a fazer senão cruzar os braços. Engano. Resta-nos humanizar o Brasil[8].

8. É o seguinte, na íntegra, o texto Para os Scepticos, de apresentação de *A Revista* (ano 1 – Belo Horizonte: julho de 1925, n. 1, p. 11 a 13): "O programa desta revista não pode necessariamente afastar-se da linha estrutural de todos os programas. Resume-se numa palavra: Ação. Ação quer dizer vibração, luta, esforço construtor, vida. Resta cumpri-lo, e com lealdade o confessamos: começam aqui as dificuldades. Supõe-se que ainda não estamos suficientemente aparelhados para manter uma revista de cultura, ou mesmo um simples semanário de bonecos cinematográficos: falta-nos desde a tipografia até o leitor. Quanto a escritores, oh! isso temos de sobra. (Assim Deus Nosso Senhor mandasse uma epidemia que os reduzisse à metade!) Desta sorte, um injustificável desânimo faz de Belo Horizonte a mais paradoxal das cidades: centro de estudos, ela não comporta um mensário de estudos. E se reponta, aqui e ali, uma tentativa nesse sentido, o coro dos cidadãos experimentados e céticos exclama: 'Qual! É tolice... A idéia não vinga'. E como, de fato, a idéia não vinga, o ceticismo audacioso e estéril vai comprar a sua *Revista do Brasil*, que é de S. Paulo e, por isso, deve ser profundamente interessante [...].

Não se limita, porém, aos propósitos da *apresentação* o ânimo participante dos modernistas mineiros, pois aflora

[Cont. da nota 8]
Os moços que estão à frente desta publicação avaliam com segurança a soma de tropeços a vencer no empreendimento que se propuseram. Está claro que não só desejam como esperam vencê-lo. Porém, se forem derrotados, não se queixarão da fortuna, que é caprichosa, nem do meio belorizontino, que é, na realidade, um dos mais cultos, polidos e estudiosos do Brasil. A derrota é ainda o menos feio dos pecados, e o mais confessável. No caso presente, o inimigo pode tornar-se amigo: é a indiferença do público, tão legítima em vista dos repetidos *bluffs* literários dos últimos tempos.
Não somos românticos; somos jovens. Um adjetivo vale o outro, dirão. Talvez. Mas, entre todos os romantismos, preferimos o da mocidade e, com ele, o da ação. Ação intensiva em todos os campos: na literatura, na arte, na política. Somos pela renovação intelectual do Brasil, renovação que se tornou um imperativo categórico. Pugnamos pelo saneamento da tradição, que não pode continuar a ser o túmulo de nossas idéias, mas antes a fonte generosa de que elas dimanem. Somos, finalmente, um órgão político. Este qualificativo foi corrompido pela interpretação viciosa a que nos obrigou o exercício desenfreado da politicagem. Entretanto, não sabemos de palavra mais nobre que esta: política. Será preciso dizer que temos um ideal? Ele se apóia no mais franco e decidido nacionalismo. A confissão desse nacionalismo constitui o maior orgulho da nossa geração, que não pratica a xenofobia nem o chauvinismo, e que, longe de repudiar as correntes civilizadoras da Europa, intenta submeter o Brasil cada vez mais ao seu influxo, sem quebra de nossa originalidade nacional. Na ordem interna, é forçoso lançar ainda uma afirmação. Nascidos na República, assistimos ao espetáculo quotidiano e pungente das desordens intestinas, ao longo das quais se desenha, nítida e perturbadora, em nosso horizonte social, uma tremenda crise de autoridade. No Brasil, ninguém quer obedecer. Um criticismo unilateral domina tanto nas chamadas elites culturais como nas classes populares. Há mil pastores para uma só ovelha. Por isso mesmo, as paixões ocupam o lugar das idéias, e, em vez de se discutirem princípios, discutem-se homens. 'Fulano está no governo, pois então vamos derrubar Fulano!' E zaz! Metralhadoras, canhões, regimentos inteiros em atividade [...]
Contra esse opressivo estado de coisas é que a mocidade brasileira procura e deve reagir, utilizando as suas puras reservas de espírito e coração. Ao Brasil desorientado e neurótico de até agora, oponhamos o Brasil laborioso e prudente que a civilização está a exigir de nós. Sem vacilação, como sem ostentação. É uma obra de refinamento interior, que só os meios pacíficos do jornal, da tribuna e da cátedra poderão veicular. Depois da destruição do jugo colonial e do jugo escalavagista, e do advento da forma republicana, parecia que nada mais havia a fazer senão cruzar os braços. Engano. Resta-nos humanizar o Brasil."

com ênfase em outros textos do primeiro número, em matérias assinadas ou de evidente responsabilidade dos jovens colaboradores de *A Revista*. Intitulam-se esses textos, de modo bem expressivo, "Momento Brasileiro", "A Situação", "Renascença do Nacionalismo", "Do Bairrismo ao Nacionalismo" etc., nos quais se reafirmam, com maior ou menor vigor, os termos ou conceitos da profissão de fé nacionalista que abre a publicação. Em "Momento Brasileiro", Magalhães Drummond, colaborador pertencente a uma geração mais velha, mas nesse ponto identificado com os jovens modernistas, procede a uma crítica ao ceticismo brasileiro, entre expressões ora de ufanismo, ora de maior conscientização do nacional, defendendo um critério *brasileiro* para a solução de problemas *brasileiros*. No artigo "A Situação", Gregoriano Canedo descobre na *resistência* de nossa gente valor tornado clássico por Euclides da Cunha, uma expressão da alma coletiva brasileira, e desenvolvendo uma série de raciocínios e pontos-de-vista fundados no *sentimento da regeneração ética* do país, faz a apologia da assimilação do elemento estrangeiro sem ofensa ao "verdadeiro nacionalismo" e vê na imigração somada ao trabalho produtivo um rumo para a "salvação" brasileira. Num dos textos mais inteligentes e objetivos de *A Revista*, Emílio Moura, que depois se consagraria como poeta lírico, sai a campo para responder aos que consideravam uma "atitude" sem convicção firme a literatura *nacionalista* daquele momento, na qual distingue ao contrário uma bem clara "manifestação de vitalidade", propugnando em razão disso a procura de uma *fisionomia nacional* como meio de autonomia de nossa literatura. O autor de *Canto da Hora Amarga* divisava um legado de continuidade a percorrer a nossa literatura de Santa Rita Durão a Mário de Andrade, com escalas no *indianismo* de Alencar e Gonçalves Dias, na semente nacionalista de Euclides da Cunha e no *fio emotivo* do sertanismo de Afonso Arinos. Asseverando que o *presente é ágil e firme*, exaltava no brasileiro um *povo em ritmo novo*, "no quadro de um universalismo bem compreendido"; dentro do qual deveríamos evitar a "caricatura do nacionalismo", o "folclorismo debilitado", a eles opondo "uma concepção mais humana e mais viva de abrasileiramento". Por outro lado, nosso modelo literário não poderia ser mais "esse grande Machado de Assis", porque a sensibilidade nacionalista impunha a renúncia à literatura *polida*, à "arte de decadência"; num esforço de heroísmo que exigia "forças pouco comuns", e ali estava "o sr. Oswaldo (sic) de Andrade a dar um exemplo desse heroísmo". "Copiar o passado é injuriá-lo"; insinua por sua vez Carlos Drummond no artigo "Sobre a tradição em literatura"; formulando as mesmas restrições de Emílio Moura à obra de Machado de Assis, "um desvio na orientação que deve seguir a mentalidade de meu país, para a qual um bom estilo é o mais vicioso dos dons, e a aristocracia um refinamento ainda impossível e indesejável". E não obstante fosse discutido, nesse texto de Drummond, o problema da *tradição*, censurando-se os que não compreendem "que o próprio da tradição é renovar-se a cada época", não deixam os moços de *A Revista* de aplaudir a medida do então presidente do Estado, Mello Vianna, visando à preservação dos "tesouros artísticos" das "chamadas cidades históricas de Minas"[9]. Quanto à posição *nacionalista* do futuro poeta de *Rosa do Povo*, ele chegará mesmo a radicalizá-la no segundo e terceiro números da publicação, a ponto de adotar, em evidente repulsa ao que Manuel Bandeira chamava "macaquear a sintaxe lusíada"[10], uma ortografia pessoal e revolucionária, baseada na índole prosódica do português falado no Brasil[11].

9. *A Revista*, n. 1, p. 17-18, 21-22, 32-33, 36-39, 43 e 46.
10. Manuel Bandeira, Evocação do Recife, *Poesias Completas*, Rio de Janeiro: Americ-Edit., 1944, p. 196.
11. *A Revista*, n. 2, agosto de 1925, p. 49-50, e n. 3, janeiro de 1926, p. 27-28 e 57-58. Eis alguns curiosos fragmentos do artigo Poezia e Relijião: "E cada vez me convenço mais que Alphonsus foi um grande lírico vindo antes do tempo. Não achou a sua expressão. Déssemle o material de que dispõi o poeta moderno, dotado de recursos críticos incomparáveis, terrivelmente informado sobre a menor das suas inpulsões [....]". "O responsavel por toda a poesia moderna em França e nos paizes que le sofrem a influencia é o malogrado sr. João Nicolau-Arthur Rimbaud. Deste jovem se dizem coizas admirabilissimas, incluzive a de que foi a inteligencia mais diabolicamente livre que já penetrou na poezia

Se a Semana não encontrou de pronto maior eco entre os mineiros, verifica-se – em conclusão – que as coisas se modificam inteiramente, no plano das relações e influências literárias, após a visita bandeirante de 1924. Não só os moços de Belo Horizonte – aglutinados finalmente no que Fernando Correia Dias chama, na terminologia sociológica, uma "unidade coletiva real" – passam a pesar criticamente enquanto partes de um núcleo ativo da renovação, como também passam a identificar-se mais de perto com a própria dinâmica do movimento, vivendo-o e refletindo-o nas oscilações teóricas e crises de liderança. A Revista surge no cenário modernista no instante de cristalização de uma consciência do nacional, que igualmente a empolga, e seria natural que o grupo mineiro, acrescido de novos elementos e ampliado geograficamente dois anos depois com o aparecimento da Verde de Cataguases, repercutisse a seu modo as subseqüentes vicissitudes da corrente renovadora. Fernando Correia Dias alude, num dos capítulos de seu livro, aos reflexos em Minas da divergência entre os dois Andrades – Oswald e Mário – que se seguiu à divulgação do Manifesto Antropófago e ao lançamento da revista representativa da nova facção radical constituída em São Paulo[12]. A essa altura, Mário, que captava a simpatia dos moços de Belo Horizonte desde a visita de 1924, já tinha assumido o papel tácito que se conhece de irmão literário mais velho de muitos deles, através de uma correspondência cultivada com carinho e assiduidade. Quanto a Oswald, menos afeito por temperamento aos arroubos afetivos e ao proselitismo de índole paternalista, não deveria usufruir da mesma intimidade, embora desfrutasse do apreço intelectual da turma de A Revista, como evidenciam a referência já mencionada de Emílio Moura ao heroísmo nacionalista do autor de João Miramar

---

francesa. Tenho muito medo de medalhões, credo!" [...] "Dizem que a fé ezije a virjindade do cérebro. Ora, virjindade do cérebro = imbecilidade total. Não sei bem se é assim. Então a fé é privilejio dos carneiros?".
12. F. C. Dias, op. cit., p. 47 a 50.

e a nota crítica que o mesmo modernista mineiro dedica a esse romance oswaldiano[13]. Por outro lado, se a técnica do poema-minuto, do poema-piada de Oswald penetrava, com a influência da linguagem concisa e desmistificadora, a melhor poesia então produzida em Minas, a exemplo de alguns poemas de Drummond incluídos mais tarde em seu livro de estréia (que chegou a ser anunciado com o título caracteristicamente paubrasílico de *Minha Terra tem Palmeiras*), era no maneirismo acaboclado de Mário que se espelhava a literatura de circunstância dos jovens mineiros – a militância na imprensa literária, a roupagem do pensamento crítico. Quando a unidade do grupo bandeirante se tornou insustentável e a definição de posições se impôs aos modernistas, a opção dos remanescentes de *A Revista* não se fez demorar por meio de uma carta, depois tornada pública, do poeta de Itabira ao romancista de *Os Condenados*, em que Drummond, interpretando por certo o pensamento dos companheiros e respondendo a um apelo de adesão formulado por Oswald, exprimia o seu repúdio pessoal e, por extensão, dos "meninos de Minas" (expressão usada por Oswald e que Drummond sublinha com ironia em sua resposta) pela tese da antropofagia[14]. Com a idéia oswaldiana ficariam, porém, alguns

---

13. *A Revista*, n. 1, p. 53-54. É interessante notar a propriedade da terminologia crítica do então jovem poeta Emílio Moura, para quem Oswald de Andrade, em *Memórias Sentimentais de João Miramar*, faz "um jogo curioso da língua. Esqueceu-se da ordem natural da nossa sintaxe (prefere uma ordem psicológica) emprestando à palavra uma vida autônoma, incisiva. Desarticula o conjunto; faz interposição de planos, a focalizar uma linha mais do que outra. Põe num traço toda uma impressão centralizadora. Acredita assim no leitor." O comentário crítico, que se estende por alguns parágrafos, contém outras observações de igual objetividade, ao lado de certas ressalvas ao estilo e ao humor da prosa oswaldiana.

14. A carta-resposta de Drummond a Oswald, de maio de 1929, estampada na ocasião pelo *Diário de São Paulo*, sob o título "Os Andrades se Dividem", foi reproduzida por João Dornas Filho no artigo "Achegas para a História do Modernismo Brasileiro" (Suplemento Literário do *Diário de Minas*, Belo Horizonte: 19 de outubro de 1952) e tem o seguinte teor: "Estou ciente do que v. me conta na sua carta sobre a *Revista de Antropofagia*. Também estou ciente da revista, que leio sempre no

intelectuais mais jovens e ainda sem a notoriedade dos amigos belorizontinos de Mário, jovens que se reuniriam no suplemento Leite Criolo de jornal local, tímida réplica provinciana da *Revista de Antropofagia* disfarçada na exaltação do africanismo. O fato, em sua projeção pouco mais que episódica, marcaria, sem muito alarde, o encerramento da etapa de implantação do movimento modernista em Minas, etapa cuja primeira interpretação válida nos deu agora Fernando Correia Dias. E não será falsear a verdade se concluirmos, da digressão sugerida por seu livro, que mesmo sem derivar diretamente da Semana, a vertente mineira do modernismo se afirmou e acabou por consolidar-se, formal e historicamente, sob a égide, às vezes conturbada, mas sempre vivificadora, das forças de maior autenticidade que se desdobraram da revolução estética de 22.

1972

Diário de São Paulo (a propósito: obrigado pela remessa do jornal, que só posso atribuir a v.). Agora o que me recuso a tomar conhecimento é da antropofagia em si. Não posso acreditar num movimento que conta com a adesão do Álvaro Moreyra e que não jantou ainda o Benjamim Péret. O primeiro por ser o mimoso escritor do *Para Todos*, que nós bem conhecemos. E o segundo por supra-realista francês. Ora, por muito menos um índio jantava um portuga.

A antropofagia não é mais um movimento decente. Nem é uma blague. Sinto muito, mas não posso aderir.

Num dos últimos números da revista v. escreve que 'os meninos de Minas precisam se decidir, literatura será uma questão de amizade? etc. etc.' Para mim toda a literatura não vale uma boa amizade. Mas aqui não se trata de amizade, é pura literatura. Quando apareceu a primeira dentição da *Revista* eu já implicara com o título e lembro-me de ter escrito a respeito a alguém daí: E só me senti à vontade para colaborar nela quando verifiquei que o título não tinha nada com a direção liberal que davam à *Revista*.

Não posso mais colaborar na descida antropofágica. Não participo do estado de espírito índio e considero acadêmicas as discussões sobre os jesuítas.

Quanto aos outros "meninos" de Minas, cada um decidirá por si. O João Alphonsus concorda comigo e o João Dornas Filho fundou o crioulismo, cujo órgão oficial sairá no dia 13 deste".

MACUNAÍMA: ATUALIDADE E TRADIÇÃO

Trinta e cinco anos após seu aparecimento, que representará *Macunaíma* para as gerações jovens que hoje se voltam para a empresa de reavaliação crítica de nossa história literária e o projeto de uma literatura que responda a um contexto de revolução e emancipação nacional? Nessa linha de preocupação – que parte da tomada de posição ideológica do escritor e tem a sustentá-la a consciência crítica diante do fato brasileiro, na sua historicidade e especificidade – sente-se que a atitude mais lúcida, mais autenticamente reveladora de um pensamento não-alienado e vigorosamente criador, decorre daqueles que procuram a um só tempo situar-se em relação ao instante e a realidade que vivemos e dar seqüência à tradição ou aos traços de tradição, ainda que intermitentes, capazes de definir-nos em termos de cultura e de potencialidade de invenção artística. Essa atitude não implica, todavia, em nenhum mergulho jacobinista, em nenhum confinamento de teor ingênuo e esteticamente reacionário, que resultariam insubsistentes, senão impraticáveis, face ao processo de interação cultural desencadeado e acelerado pela moderna técnica informacional. O projeto de uma nova literatura, fundada numa expressão de referência brasileira e vinculada por isso a uma cadeia de manifestações criativas que se explicam nacionalmente, não pode, por conseguinte, concretizar-se marginalmente a uma corrente universal que, se nos favorece a importação das técnicas imprescindíveis à ativação de nossa virtualidade redutora, da mesma forma não mais subestima a contribuição que a ela possamos adicionar como experiência humana e peculiar de nação em demarragem e em plena maturação de suas forças mais vivas. Mas para a exata intuição do ser nacional, para a aferição diríamos ontológica da coisa brasileira que dá sentido específico a esse contributo nosso (o modo de comportamento existencial e social definidor de um povo e que, por exemplo, na universalidade de dois ficcionistas, confere, de maneira inalienável, procedência e caráter nacional irlandês à obra de Joyce e norte-americano à de Faulkner), torna-se imperioso apoiarmos, em seus suportes históricos, a empresa projetada, que reconstituamos para tanto alguns fios de tradição ou, se preciso, construamos a tradição da literatura nova.

Essa necessidade da tradição não é um imperativo, uma solicitação que só agora se manifesta na literatura brasileira, embora se apresente às jovens gerações como proposição mais agudamente formulada. Já nos poetas da fase colonial o problema se enunciava, então em termos de uma vinculação telúrica, de uma edificação de mitos e temas nativistas que seriam mais tarde codificados pelo romantismo: a natureza, o índio, o negro. Impossível àquela altura o lastreamento de uma tradição de cultura autóctone, ou mais simplesmente o delineamento autônomo de uma história literária, tentou-se ingenuamente implantar uma tradição de raça que, não obstante a feição idealista, funcionasse como um dado de especificidade brasileira na obra de criação. Na falta de uma tradição efetiva de formas e valores estéticos, esse recurso à tradição do pitoresco, à peculiaridade temática, prosseguiu nas várias modalidades de regionalismo, para desaguar finalmente no próprio modernismo. Mas caberia ao movimento de 22 uma tarefa eminentemente crítica, não apenas no aprofundamento de visão dessas singularidades até ali percebidas em sua linearidade, como também na prospecção de tendências e nuanças da psicologia individual e coletiva de nosso homem. Apesar de algumas teses impressionistas e sem apoio científico, tais a da "tristeza" e a da "indolência" do brasileiro, que davam como determinantes congênitas de um povo sintomas endêmicos típicos das populações subnutridas de áreas subdesenvolvidas – contingências superáveis através de adequados corretivos socioeconômicos –, o modernismo logrou estabelecer fundamentos sólidos para o estudo de nosso ser nacional. E isso se fez não só no domínio da sociologia, novo e decisivo em que pese a falibilidade do sociologismo colonialista de um Gilberto Freyre, mas igualmente no setor da crítica de arte e de literatura. Com efeito, coube paradoxalmente à crítica modernista fixar uma ascendência brasileira para aquela arte que se inaugurava formalmente sob o primado do antitradicionalismo. No terreno propriamente criativo, enquanto se proscreviam um formulário retrógrado e uma linguagem alienada, retomavam-se de modo até ostensivo as perseguidas tradições de fundo étnico, impostadas então de uma maneira nova depois de repensadas criticamente. Assim, ao indianismo gonçalvino sucede a antropofagia de Oswald de Andrade, ao abolicionismo sentimentalizado de Castro Alves, o negrismo etnográfico de Jorge de Lima, tônicas de uma preocupação com o homem e a natureza que se estende à obra interessada de outros poetas e culmina no romance nordestino. Enquanto se opera esse reatamento com as motivações telúricas, prossegue a nossa importação de técnicas, já também passíveis de ser digeridas, reduzidas num sentido crítico pelo trabalho do artista. E é dentro desse quadro, que se queria afirmar nacionalmente autônomo, que iríamos exumar do período colonial o primeiro traço de tradição realmente válido para a nossa pretendida arte brasileira: o barroco. O ensaio modernista nos revela, com a descoberta do Aleijadinho, toda uma perspectiva de autenticidade criadora.

É, sem dúvida, a necessidade de tradição que move as novas gerações – as que lançam o projeto de uma literatura nova – em seu trabalho de redimensionamento crítico de nossa história literária. Já em 1955, um de seus representantes afirmava com acuidade que a "ficção brasileira atual é uma ficção à procura de uma tradição"[1]. Outro deles chegou mais recentemente a associar a inexistência da "segurança de uma tradição" às causas da alienação de nosso escritor[2]. O que se persegue agora não são apenas as radicações comprovadoras de um estímulo nacional na obra de arte, mas também as constantes de uma *forma* ou as *formas* através das quais se tornou plausível uma *intuição brasileira* na obra de arte. Assim, o conceito de tradição que interessa ao escritor novo compreende uma noção globalizadora, isto é, abrange além de um valor histórico um outro valor que é uma condicionante de natureza estritamente estética (quando se fala simultaneamente em *tradição* e em *formas* é prudente deixar explícito que esses termos repugnam, da maneira em que são encarados aqui, qualquer equívoco de interpretação que possa relacioná-los com a idéia ingênua que reivindica o *status quo* de uma "forma tradicional" ou com o "formalismo" absenteísta; a *tradição* por nós invocada é o elemento dinâmico dando sentido à evolução das *formas* – de ser, de estar, de criar – de um povo em sua trajetória nacional). Essa noção se funda obviamente numa tomada de posição crítica do escritor, que saberá discernir

---

1. Rui Mourão, À Procura de uma Tradição, Suplemento Literário do *Diário de Minas*, Belo Horizonte: 15 de maio de 1955.
2. Luiz Costa Lima Filho, *Dinâmica da Literatura Brasileira*: situação do seu escritor, Recife: 1961. Ver, a respeito, nosso artigo Literatura Situada, infra, p. 123-128.

os traços válidos de nossa tradição criativa daquilo que, ao longo de uma história literária muitas vezes capciosa em seus levantamentos, é sustentado por velhas deformações culturais e por critérios judicativos falseados. Enquanto não se reescreve em seu conjunto a história da literatura nacional, examinada sob o prisma de uma evolução de formas, vai tomando corpo um ensaísmo revisionista, cimentado no rigor da moderna análise estrutural e alheio aos tabus e juízos firmados. Reenceta-se, portanto, a tarefa iniciada pelo modernismo, através dos estudos sobre as vertentes barrocas da nossa arte colonial. O romantismo, por exemplo, ganha nova dimensão com o relançamento crítico de Sousândrade[3], ao passo que outro poeta marginalizado – Pedro Kilkerry[4] – ressurge das cinzas simbolistas (não desejamos, evidentemente, propugnar aqui uma história literária constituída de "casos", de autores excepcionais, mas uma história não sonegadora das obras que violentam, pelo teor inventivo de sua linguagem, os processos de nivelamento, de padronização canonizados entre nós pelos historiadores das letras, responsáveis, dentre outros equívocos, pelo que assegurou uma projeção maior à obra de romancista de Bernardo Guimarães, em detrimento de sua obra de poeta rica pelo atributo semântico, principalmente nos poemas de humor ou circunstância). Os próprios autores modernistas já são alcançados por essa perspectiva revisora, como o Oswald de Andrade poeta, reconhecido como um dos precursores do concretismo[5].

Parece-nos a hora de se rever também se não toda a obra de Mário de Andrade, um pouco negligenciada pelos estudiosos mais novos, pelo menos *Macunaíma*, livro que

---

3. Ver Augusto e Haroldo de Campos, Montagem: Sousândrade. Es tudo publicado na página Invenção, *Correio Paulistano*, São Paulo: dez./1960-jan./1961, revisto e ampliado depois em livro, sob o título *Re visão de Sousândrade*.
4. Sobre Pedro Kilkerry, ver Augusto de Campos, *Re-visão de Kilkerry*, São Paulo: Fundo Estadual de Cultura, 1970.
5. Augusto de Campos, Décio Pignatari e Haroldo de Campos, Plano Piloto para Poesia Concreta, *Noigandres* – 4, São Paulo: março de 1958.

se constituiu numa das pedras-de-toque do modernismo e que as jovens gerações não devem ignorar neste instante em que se busca levantar uma linha de tradição de consciência crítico-criativa para uma literatura nova. Em primeiro lugar, cumpre retificar a conclusão tão repetida que dá *Macunaíma* como tentativa frustrada de ficção, por não ter concretizado o mito andradiano de uma totalização psicológica do herói brasileiro a partir de uma linguagem unitária, de uma língua nacional capaz de exprimir artisticamente a nossa singularidade de ser. Ora, se o projeto de Mário foi ambicioso, falhando em seu objetivo mais alto, nem por isso se invalidou a experiência ficcional de *Macunaíma*. Na sua técnica de estruturação do romance, em que se superpõem quase como peças autônomas os diversos fragmentos de uma realidade e se abolem as suas implicações lineares de espaço e tempo, Mário de Andrade antecipa entre nós o processo de construção que é hoje o da jovem ficção de vanguarda extremamente zelosa de uma ascendência joyciana (anotamos, a propósito, que apenas quatro anos separam a primeira edição de *Ulisses*, datada de 1922, do início da elaboração de *Macunaíma*, em 1926). Esse aspecto do livro nos leva mesmo a reivindicar para o escritor brasileiro a precedência na composição do tipo de prosa a que Roland Barthes chama estruturalista e de que dá como exemplo o conto popular de Propp, sem dúvida um símile de *Macunaíma* pelo que se deduz da informação do ensaísta francês[6]. No que tange à linguagem, a rapsódia andradiana adianta, embora timidamente, alguns passos da prodigiosa mecânica inventiva de Guimarães Rosa, ambos os escritores trabalhando a mesma desinência barroca, que se impõe para nós como traço já bem definido de uma tradição de forma. Mas *Macunaíma* não é apenas estrutura ou linguagem, ele é sobretudo um contexto crítico

---

6. Roland Barthes, L'activité Structuraliste, op. cit. (trad. bras., A Atividade Estrururalista, op. cit, p.52). "Propp constrói um conto popular saído por estruturação de todos os contos eslavos que ele decompõe de antemão".

tão agudamente lastreado no fato brasileiro que consegue manter ainda hoje uma consistente atualidade, não obstante a longa e acidentada peripécia histórica do país depois da década de vinte. Sob esse ângulo, o livro extrapola com alguns outros poucos à direção particularista do romance que nasce de sua mesma época, marcado pela incidência regionalista que era uma antítese do projeto de visão globalizadora de Mário. Enquanto outros romances modernistas e pós-modernistas recriam frações de uma realidade, *Macunaíma* propõe a sua recriação integral, realiza o esforço de apreender e compreender total e criticamente não as aparências de um universo nacional, mas a sua própria imagem política. Daí persistir além da fantasia romantizada do herói sem caráter, dialético também ele em sua incaracterização, a dialética humorístico-realista dos contrastes, vícios e deformações socioeconômicos que denunciam mais fundamente em nós o país subdesenvolvido, a atividade espoliada, a contingência latino-americana. É por inaugurar em nosso romance uma consciência nacional, ao mesmo tempo crítica e criadora, que as novas gerações hão certamente de identificar em *Macunaíma* um ponto a mais a ser acrescentado à linha de tradição que se procura construir. E será na sua qualidade de contexto crítico que a rapsódia de Mário de Andrade merecerá a atenção de um estudo revisionista[7].

1963

---

7. É o que veio a realizar Haroldo de Campos, em seu livro-tese *Morfologia do Macunaíma*. São Paulo: Perspectiva, 1973.

AS SINGULARIDADES DE UM PROCESSO LÍRICO

O recente poema de Emílio Moura – *A Casa*[1] – oferece, em relação às criações anteriores do poeta[2], melhores ângulos para a compreensão e análise de seu processo lírico. O exame retrospectivo de sua obra indicaria já a existência, no seu decurso evolutivo, de uma unidade de percepção e atitude que é a razão mesma da homogeneidade e individualidade que nela surpreendemos. Com efeito, há no lirismo emiliano uma constante mítica na qual reside o núcleo íntimo da poesia, seja ela de fundo numinoso, transcendente, seja a decantação da vivência subjetiva ou amorosa. Na concepção do poeta, os seres e objetos do mundo sensível são conscientemente transfundidos em

1. Emílio Moura, *A Casa*, Belo Horizonte: Edições Tendência, 1961.
2. As citações feitas aqui de poemas anteriores a *A Casa* foram extraídas de composições pertencentes aos seguintes livros de Emílio Moura: *Poesia (1932-1948)*, Rio de Janeiro: Livraria José Olympio Editora, 1953, e *O Instante e o Eterno*, Niterói: Edições Hipocampo, 1953.

idealidades, que ele invoca ou evoca numa linguagem abstraída de sentido material. A imagem em Emílio Moura é elemento constitutivo de uma outra realidade em que as palavras adquirem significado evanescente, impreciso, carregado de sutis conotações "coisas/ que se completam no plano/ da irrealidade mais pura". É por isso comum em seus versos a ocorrência de substantivos complementados intencionalmente pela antítese, recurso que funciona na estruturação interna dos poemas, dimensionando em extensão e profundidade o universo simbólico posto em movimento pelo poeta. A adjetivação no autor de *O Instante e o Eterno* não é simples enchimento da frase poética, nem excesso verbal que leve ao retórico ou prosaico-discursivo. O adjetivo nele atua como parte integrante e imprescindível da expressão, já que resultaria inócuo e deformador qualquer esforço de objetivação absoluta de uma poesia que é toda tempo, ritmo, espiritualidade. Daí a técnica de iteração adjetiva que à primeira vista se suspeita supérflua ou abusiva, mas que na verdade representa traço definido e inseparável do estilo poético de Emílio Moura ("voz forte, límpida e viva"; "Que momento é esse/ cego, cego, cego"; "frágeis pés vagarosos", "memória móvel e fluida de vento"; "nuvem densa,/ múltipla e vária" etc.). Também em nada diminui a força orgânica de sua linguagem o fato de ela recorrer normalmente aos invocativos, às indagações, ao exclamativo, às formas reticentes, que se ordenam de modo preciso e se explicam no contexto lírico dos poemas, como documentam estes versos de "Como a Noite Descesse":

> Se eu estava só, só e desesperado,
> por que gritar tão alto?
> Por que não dizer baixinho, como quem reza:
> – Ó doce e incorruptível Aurora![...]
>
> se só as estrelas é que me entenderiam? [...]

A incidência mítica é de fácil constatação na poesia de Emílio Moura, porquanto o próprio poeta seguidas vezes nomeia nessa categoria simbólica os objetos articuladores de seu universo lírico, "Mito! Eras mito e eu te esperava"; "Ainda que fosses um mito eu não te amaria tanto"; "forma-se a rosa,/ mito e milagre"; "Não sei que mito se humanizou em ti"; "Vens do fundo do tempo como uma aparição mítica"; "És mito e realidade, forma nítida e sombra esquiva", [...]. No poema *A Casa*, o mesmo processo mitificador se opera, com a transposição do dado concreto, real, que é a casa, para o plano da vivência ideal, onde o poeta funda a sua percepção. A memorização orienta a atitude lírica e o objeto ressurge numa reconstituição espaço-temporal puramente subjetiva, interiorizada, por meio da qual se apreende "em cada/ súbita imagem, o início/ de longa, secreta via/ para o outro lado de tudo". Cria-se aí a essência do mito – palavra que se enuncia significativamente ao início do poema. O pretexto poético de *A Casa* reside no motivo do retorno à infância, do reencontro imaginário com o mundo físico em que foi vivida. Partindo da invocação de elementos conotativos de espaço e tempo – "Ó sol, ó manhãs, ó fugas" –, o poeta prepara a eclosão do fato lírico, que virá nos dois primeiros versos da parte II: "Abro os olhos à memória:/ a Casa salta do tempo". Recompõem-se, então, as "imaginárias presenças": arcas, armários, quadros, relógio, sótão, salas, janelas, escadas, valos, córregos, moitas, árvores – fragmentos da realidade de ontem e formas abstratas agora na "região dos mitos"; do que foi "incorporado à distância". O processo mnemônico recorre, para integralizar as partes do todo memorizado, à experiência sensória, forma de conhecimento de que dispõe o homem na dilatada viagem de regresso às suas origens de menino. O sentido do olfato identifica no passado um cheiro inerente, que sugere a comunhão de coisas em si diversas e dissociadas: "Ah, cheiro de outrora, cheiro/ de relva, de terra úmida,/ de mofo de sótão, cheiro/ de velhas arcas e armários". A lembrança auditiva permite que as imagens evocadas vibrem de súbito "nítido, nítido/ dentro da Casa". A memória visual, certamente o mais ativo instrumento utilizado na reconstrução ideal da casa, traz à tona figuras que readquirem linhas e contornos próprios:

> Quantas formas emergindo,
> de novo, de novo salvas,
> de furnas e urnas noturnas.

No verso "de furnas e urnas noturnas"; notamos a preocupação do poeta em dar expressão adequada à zona de obscuridade e esquecimento de onde faz emergirem, na sua sondagem lírica, as recordações que conformam o mundo em prospecção. O apoio na vogal *u* e a ênfase das três rimas internas do verso sugerem a descida abissal ao escuro núcleo das formas misteriosas da casa e da infância. A antítese consubstanciada no verso imediato – "A vida, ao redor, tão clara" – e nos que o seguem mostra já o resultado da operação mnemônica, pela qual o poeta logrou apossar-se de suas antigas e iluminadas evidências "uma janela"; "áreas sem limites"; "áureo mundo"; "luz, pétala, nuvem". Na parte III do poema, sente-se na medida curta dos versos e das unidades rítmicas, no encadeamento das assonâncias e das iterações, a vertigem encantatória com que "a alma se impregna/ do ar perdido". A invocação do relógio, inexorável na sua mudez, leva o poeta a aperceber-se da evasão e mutação da realidade do menino, que em vão se interroga até a conclusiva verdade: "Menino, cala. Não viste/ o tempo fluir". O "séquito de mitos"; como envolvente camada condutora, acompanha o motivo poético, manifestando-se nas repetidas abstrações que em *A Casa* informam o peculiar lirismo emiliano: *tempo, fugas, vento, mistério, eco, halo, brisas, dúvida, vácuo, medo, vôo, eternidade, solidão, lembrança, sombras, espírito* etc. Os substantivos adjetivados e os verbos também se esvaziam de materialidade: *abstrata arquitetura, janela invisível, mensagens perdidas, face invisível, ser imaginário, abstratas salas; soprar, vogar, esquivar, apagar, imaginar* etc. O ritmo caudaloso, que personaliza tanto o verso de Emílio

Moura, se contrapõe no poema a estruturas mais breves e disciplinadas, proporcionando à composição maior riqueza e variedade rítmica. O estrato sonoro resulta também enriquecido pelas aliterações e assonâncias, pelos paralelismos e anáforas. Algumas repetições acentuam a carga semântica das palavras e mesmo lhes acrescentam novas dimensões, como nestes versos de marcado efeito gráfico-visual:

> quedas no vácuo,
> quedas,
> quedas.

Ao final de *A Casa*, ocorre fenômeno idêntico ao já observado no seu início, quando o fato lírico surge somente na parte II, funcionando a primeira como exórdio ou introdução ao mundo poético. A última parte do poema, excedendo ao arredondamento de sua estrutura interna, que se dá nos decassílabos de x – "A alma em transe da Casa já não fala" e versos seguintes –, apenas refere a conclusão do ato mnêmico: "cerro os olhos à memória".

1961

O GRACILIANO QUE NOS INTERESSA

A década de 1950 há de ficar, por certo, como um dos períodos mais significativos da modernidade brasileira, pois foi no seu decorrer que experimentamos algumas das transformações fundamentais de nosso processo contemporâneo. Dessas modificações redimensionadoras do projeto nacional, a mais importante não terá sido, sem dúvida, a arrancada desenvolvimentista no campo das realizações materiais, mas sim a implantação da mentalidade que a condicionou e sustentou. Verificou-se, na verdade – para usarmos uma imagem de nossa própria história –, uma reabertura dos portos ao comércio com um mundo menos acanhado do que aquele com o qual vínhamos travando um diálogo estreito e tradicional. Passamos a contactar com as experiências mais avançadas que, naquela altura do após-guerra, podiam nos oferecer as idéias, as formas, as técnicas capazes de constituir o apoio para alicerçamento da nossa pretendida demarragem. O açodamento desse apetite de universalização teria, no entanto, conduzido ao risco da perda ou comprometimento de nossa peculiaridade nacional, do caráter íntimo que nos define e singulariza, se a ânsia de descortinar e incorporar outros horizontes e conquistas não correspondesse a uma necessidade mais forte de afirmação da vontade brasileira. Ao fenômeno, portanto, da importação de técnicas no âmbito da indústria em expansão ou de formas no terreno de uma arte que atingia a maturação criadora, contrapôs-se, num equilíbrio fatorial, o fenômeno da conscientização em face de nossos valores potenciais de natureza econômica ou de nossos *genes* de essencialidade cultural. O princípio diretor de uma consciência crítica erigiu-se tanto como norma de uma filosofia de ação objetiva, quanto como elemento estimulador de uma nova atitude estética. Se examinarmos a década de 1950, centrando a atenção no quadro específico da literatura, não será difícil constatar aqui também o mesmo trabalho redutor perante os exemplos universais por nós assimilados e igualmente a mesma preocupação de acentuar e distinguir a *coisa brasileira em si*. É então que eclodem e se fazem inserir, às vezes com um impacto violentador, novas forças no processo literário nacional. Sem buscarmos minimizar outros fatos de relevância sucedidos paralelamente, notaremos apenas que nos anos de 1950 acontecem, por exemplo, o *Grande Sertão: Veredas*, de Guimarães Rosa, a poesia concreta e a revista *Tendência*. Atribuindo embora a cada um desses acontecimentos a sua dimensão e o seu peso literário próprios, concluiremos forçosamente que todos os três denunciam, a seu modo, as implicações assim críticas como criativas do instante histórico imediato, evidenciando-as no plano inventivo da linguagem ou no das proposições teóricas.

Muito já se escreveu sobre *Tendência,* mas ao estudioso das nossas letras se reservará, em tempo oportuno, uma perspectiva mais nítida dos contributos aportados não só pelo nacionalismo crítico mineiro, como ainda por todas as atuações válidas desenvolvidas no processo literário brasileiro dos últimos anos. E essa perspectiva abrangerá certamente os desdobramentos naturais de cada atuação ou os influxos enriquecedores de uma dada obra, não as isolando numa fria datação cronológica e – o que daria na mesma – não as focalizando sob a impressão de reações provocadas em sua hora de surgimento. Ao episódio do aparecimento da poesia concreta, ao invés de enfatizar-se a sua crônica de teor polêmico ou emulativo, somar-se-á fatalmente a sua positiva função como agente renovador das formas artísticas entre nós e sua participação na reformulação de nossa linguagem crítica. No caso de *Tendência,* menos vulnerável em sua trajetória aos debates de contingência, estará reservada, contudo, à sua sorte histórica, senão igual posição como presença revolucionária, na certa uma equivalente possibilidade de ter argüido com exatidão o papel pioneiro, que assumiu e desempenhou como fator de conscientização do escritor e do poeta novos diante do fato nacional. E ao seu trabalho teórico, aliciador e criador, hão de adicionar-se, sem dúvida, as repercussões que porventura desencadeou e, encerrada a sua periodicidade como revista, há de contar-se também a continuidade da atuação pessoal de seus integrantes. Porque se trata de um projeto que não se estiolou em qualquer rigidez de teorização ou de criação, abrindo-se, ao contrário, em vertentes às vezes diversificadas entre si, mas que prolongam de modo bem significativo um pensamento fecundo e prevalentemente crítico, qual foi o da publicação mineira. Vertentes essas que se poderão surpreender tanto nos livros de Fábio Lucas – especialmente em *Compromisso Literário* –, quanto talvez na tentativa que empreendemos de fixação das matrizes de nossa ancestralidade barroca ou seguramente agora neste admirável *Estruturas – Ensaio sobre o Romance de Graciliano*[1], para ficarmos na contribuição que o grupo mineiro, como fruto da fecunda reflexão desenvolvida nos

---

1. Rui Mourão, *Estruturas – Ensaio sobre o Romance de Graciliano*, Belo Horizonte: Edições Tendência, 1969.

anos de 1950, logrou dar até agora na área de nosso ensaísmo. Neste passo, cabe lembrar que o novo ensaio brasileiro – em que sobrelevam um M. Cavalcanti Proença, um Oswaldino Marques, uns irmãos Campos, um Benedito Nunes, um Luiz Costa Lima e alguns outros – está originariamente vinculado àquele espírito de atualização, de inserção num quadro de universalidade e modernidade que presidiu à grande década nacional de 50. Foi, com efeito, naquela etapa que assistimos no Brasil ao rompimento com as fórmulas da velha crítica, de índole psicológica ou sociológica, através da absorção e adoção de novos métodos, de maior rigor analítico.

Os saudosistas da velha escola, desalojados do mandarinato impressionista dos rodapés e dos rebarbativos "estudos crítico-biográficos", insurgem-se não raro contra a nova crítica, acusando-a de um esquematismo metodológico que estaria sacrificando a interpretação do conteúdo expressional da obra à sua insensível análise como texto; a apreensão de seu significado literário à mera desmontagem de sua armação de linguagem. Com esses fazem coro muitas vezes os doutrinadores, entre disciplinados e ingênuos, da linha lukacsiana que, a pretexto de propugnar uma generosa posição neo-humanística, estribam o seu pensamento em incompreensões e preconceitos – é deles o epíteto de "ócio dos intelectuais" atirado ao estruturalismo –, inclinando-se com isso para aquela dúbia posição de quem quer ardentemente mudar o sistema, mas que ao mesmo tempo se obstina em resguardar de uma capa de perenidade o código através do qual se exprime esse mesmo sistema. Um livro como *Lira e Antilira*, de Luiz Costa Lima, que retirara da faixa epidérmica dos artigos de circunstância o estudo da poesia de Mário de Andrade, Drummond e Cabral, parece ter tido o condão de irritar simultaneamente a uns e a outros guardiões dos antigos padrões críticos, inconformados em ver submetida ao crivo do exame estrutural e fenomenológico a obra de três poetas impregnados de atributos conteudísticos, ricos de substrato humano e consciência participante. Com a publicação de *Estruturas* é Rui Mourão quem corre agora um igual risco de suscitar a reação das correntes tradicionalistas, pois comete a temeridade de trazer a uma nova perspectiva de enfoque a ficção de um autor que é, sem dúvida, um de nossos maiores romancistas, mas sobre cuja obra pesa a fatalidade de uma imagem crítica assentada em clichês ideológicos, sociológicos, regionalistas. O romance de Graciliano esperava em verdade um estudo em outro nível que o das visadas convencionais da maioria de seus intérpretes, estudo que nele demarcasse as dimensões do artista que primacialmente foi, que localizasse os elementos conformadores de sua linguagem ficcional para, isolando-os e determinando as suas funções articuladoras, chegar à compreensão e interpretação de um peculiar processo narrativo, de uma criação construída com severidade, mas carregada de significação literária e humana. Porque não será o rigor da análise que subtrairá essa significação a uma obra de real sentido criador, do mesmo modo que não será a abordagem enfatizadora de pretextos políticos ou pitorescos que conferirá a qualquer obra a sua valoração de criatividade e dignidade literária.

O ensaio de Rui Mourão começa por revisar posições e conclusões de estudiosos que, antes dele, buscaram de diferentes ângulos a dilucidação tanto do universo ficcional de Graciliano, quanto dos meandros psicológicos de uma das personalidades mais complexas e densas de riqueza subjetiva da literatura brasileira. Sem subestimar o trabalho premonitório desses intérpretes do escritor nordestino, entre os quais conta o Antonio Candido de *Ficção e Confissão,* o ensaísta de *Estruturas* discute e refuta, porém, em cada um, a vulnerabilidade de pontos-de-vista, as distorções de foco crítico, a subordinação à tópica biográfica, para então partir para a escolha e definição de seus próprios pressupostos metodológicos. A Rui Mourão não interessa o memorialista, o narrador da aventura pessoal, não chega a interessar nem mesmo o escritor das estórias menores. Ele fixa a sua atenção na criação maior do artista, do romancista, e só eventualmente recorrerá à outra faceta literária de Graciliano, assim mesmo enquanto ela puder reforçar ao acaso a consideração de um detalhe da sua arte do romance. Reivindicando o princípio de uma crítica fundamentada "no movimento de mutabilidade permanente do real" (p. 21), o ensaísta repele de vez as teorias que levam à visão estanque, historicista do fenômeno literário, para eleger como perspectiva a ótica sincrônica, que aproxima do analisador o objeto da análise através de uma lente sensível aos valores de atualidade. Ao denominar *Estruturas* ao seu ensaio, Rui Mourão já se propôs com isso uma opção de atitude crítica e de modernidade metodológica, fazendo elidir do projeto de trabalho conceitos genéricos e abstratos como as expressões *autor* e *ator, interpretação, ficção* e *confissão* que conotam nos títulos de outros estudos sobre o romancista. Entretanto, é exatamente nesse ponto que o ensaísta fará aportar uma nova questão de método dentro do qual correntemente se determinou chamar de *crítica estruturalista*. Deixando de lado o procedimento normativo, que, partindo da aferição das camadas de infra-estrutura da linguagem literária, busca atingir a compreensão das formas superiores de reflexão e conscientização criadora, ele inverte o processo, desvendando primeiro o sistema de superestruturas da consciência, para aí então esclarecer a operação formadora da linguagem. Assim, a análise que se inicia por *Caetés,* passando depois por *São Bernardo, só* se conclui efetivamente no capítulo dedicado a *Vidas Secas,* quando a linguagem ficcional de Graciliano é enfim apreendida em sua mecânica estrutural, isto é, quando Rui Mourão consegue identificar na expressão do artista a conexão significante entre texto e contexto. Dessa revelação surgirá inteligível, tangível, concreto, como núcleo e elo da montagem criadora, o personagem, o *homem significante* de que fala Roland Barthes.

Mas a técnica de análise estrutural – que podemos esquematizar pelo ato de apreender a realidade do texto literário, decompô-la na relatividade dos fragmentos e suas funções, para depois recompô-la criticamente numa totalidade já plena de sentido – essa técnica e só ela bastaria aqui ao ensaísta, quando este na verdade procura estabelecer e elucidar preliminarmente não os simulacros de um objeto aparente, porém as próprias leis que regem a sua percepção na fase pré-criadora da imaginação, do pensamento reflexivo? Acreditamos que não, pois o que se persegue é levantar, como ponto de partida, as estruturas da consciência na arte do romance de Graciliano, operação que deverá ocorrer mediante a utilização também de um processo de análise que excederá ao da realidade objetiva do texto. Levado a penetrar, deste modo, na área da abordagem de fenômenos de ordem abstrata, o ensaísta reforça a sua instrumentação com o recurso auxiliar de outro método – o da redução fenomenológica – através do qual poderá então livremente exercer a reflexão intuitiva, "a captação das essências que constituem o objeto" da investigação. Porque – justifica ele – pelo processo husserliano, "chega-se à descrição da consciência, que é entendida não como uma imanência ou uma transcendência" e que, não estando nas coisas nem no homem, "nasce exatamente do encontro do espírito com as coisas" (p. 23–24). Assim convenientemente equipado, o ensaísta está apto a proceder à *découpage* do organismo ficcional de Graciliano, empresa que começará pela qualificação dos elementos básicos da engrenagem de cada romance – os planos e focos da narração, o ritmo e dimensão de seu tempo e espaço interiores – para descobrir-lhes as correspondentes funções articuladoras na consciência que se resolverá em linguagem. Verificaremos, então, que essa consciência, por bastante restrita em sua abrangência, é ainda ingênua em *Caetés* como imagem do mundo narrado, e aquela parábola de simbologia antropofágica que Rui Mourão assinala no romance não chegará a converter-se numa proposição de radicalidade consciente, pois a visão da realidade que nos é transmitida, via narrador-personagem, é de reduzido alcance percutivo. Já em *São Bernardo,* a consciência tende a objetivar-se, o seu movimento – repara o ensaísta – "parte de dentro de si para atingir os fatos" (p. 72). "Todo o romance – conclui ele – é a corporificação de uma consciência se fazendo" (p. 82). Entretanto, a linguagem ainda projeta aqui uma consciência que se faz mais sob o prisma existencial do personagem do que da articulação de um determinado contexto no qual o indivíduo é peça importante, porém relativa, o que sucederá também e se acentuará em *Angústia,* romance de compleição mais francamente introspectiva. Acompanhando a análise do ensaísta, nós iremos constatar uma objetivação efetiva da consciência em Graciliano somente quando esta deixa de ser consciência individual para abrir-se criadoramente e transmutar-se em consciência contextual, em consciência crítica, isto é, no momento em que o escritor nordestino galga o ápice formal e de maturação humana em sua arte de romancista com *Vidas Secas.*

Estruturas se inscreve entre os mais lúcidos ensaios sobre ficção que se produziram no Brasil. Vimos que Rui Mourão, categorizado conhecedor de toda a problemática do ficcionismo (reporte-se o leitor aos estudos que o escritor mineiro publicou em *Tendência* e a trabalhos mais recentes, a exemplo do que focaliza um ângulo do processo narrativo de Guimarães Rosa na novela *Cara-de-Bronze*), mobilizou a melhor instrumentação crítica para a sua análise, entre estrutural e fenomenológica, do romance de Graciliano. Com ele, verificamos como a obra do romancista, ao contrário da de outros autores que tomaram igualmente por tema a sugestividade humana e social do Nordeste, percorreu uma direção de evolutiva criatividade, em que informação semântica e informação estética terminam por confluir numa linguagem, numa escritura, num texto de alto nível artístico que é *Vidas Secas.* Referindo-se a este romance, no exemplar capítulo que lhe consagra, o ensaísta não deixa de reconhecer que o mesmo "não se insere naquela linha de criações mais atualizadas [...] de um texto que se inventa, com movimentos livres e desenvoltos", é ainda "tradicionalista" (p. 149).

Entretanto, desenvolvendo sua penetrante técnica de abordagem, Rui Mourão acaba por convencer-nos que esse aspecto "tradicionalista" (lembre-se que o livro é de 1938) reside mais no plano da concepção externa do romance, no seu arcabouço exterior, do que nas formas internas da narração. E o próprio ensaísta acentuará, a seguir, que Graciliano procurou, em contrapartida, "abolir a idéia de acabamento narrativo, que se relaciona fatalmente à de continuidade, fazendo o texto voltar sobre si mesmo" (p. 150), e lembrará, para definir esse tipo de texto, a imagem do caramujo. Imagem que poderemos, de resto, tomar também como a do próprio personagem em sua realidade ambiente – o nordestino em seu Nordeste, o homem existencial e socialmente alienado pelo envolvimento implacável do contexto. Para exprimir artisticamente a situação desse ser já não só real, mas co-real, ficcional, Graciliano teria mesmo que estatuir – agora sim – uma linguagem essencialmente denotativa, referencial, concreta, quase anímica em sua radicalidade. Linguagem que não sendo léxica ou sintaticamente inovadora, nem por isso deixa de ser inventiva, porquanto semanticamente desmistificadora dentro de um país e de uma literatura quase sempre comprometidos com a retórica, deformados pela metáfora.

Rui Mourão vê na linguagem de *Vidas Secas* uma espécie de "canto de ser em plenitude" (p. 157), e nós acrescentaríamos que seria este um *canto a palo seco,* um canto de rigor severino, cabralino – vida *seca* e *palo seco*. Canto "que reduz tudo ao espinhaço", para nos valermos do verso de João Cabral de Melo Neto em seu poema a Graciliano Ramos, ou o anticanto de quem fez de sua arte uma "tomada de posição em face da linguagem artificial" (p. 182). E foi certamente movido pela idéia crítica de uma perquirição da *essencialidade brasileira,* tal como *Tendência* preconizou nos anos de 1950/1960, que o ensaísta de *Estruturas* veio a definir no escritor alagoano o artista do rigor construtivo, o romancista que perseguiu também e logrou plasmar em sua obra uma face importante da nossa essencialidade nacional. Rui Mourão redescobriu para nós, portanto, em seu livro necessário, o Graciliano que interessa a uma literatura que se pretende em renovação.

1969

UMA ATITUDE
DE VANGUARDA

INICIAÇÃO DIDÁTICA
À POESIA DE VANGUARDA

Falar de vanguarda é falar do novo, do que se cria, é falar do que se pesquisa, do que se procura acrescentar ao mundo ou à experiência do homem. A palavra *vanguarda* é, como se sabe, de origem francesa e o léxico daquela língua assim a define: vanguarda é, por extensão, tudo aquilo que precede, anuncia, prepara. A posição de vanguarda é, portanto, abrangente a toda atividade humana, pois onde está o homem aí encontramos o seu ímpeto, a sua ânsia de invenção, de modificação da realidade, o impulso vital de enriquecer e aperfeiçoar seus instrumentos de inteligência e de ação. A vanguarda tanto pode situar-se no terreno da ciência, quanto no da arte ou, ainda, no da mais simples atividade lúdica. Einstein foi a vanguarda da ciência ao desenvolver a Teoria da Relatividade e com ela abrir perspectivas mais amplas aos conhecimentos modernos. O cinema, arte representativa de nosso tempo, traz em sua própria história a marca constante da vanguarda e vocês viram, ainda recentemente, duas de suas mais expressivas manifestações: *Ano passado em Marienbad*, de Alain Resnais, e *Oito-e-meio*, de Fellini. Também entre as quatro linhas de um campo de futebol nós divisamos a vanguarda, avançando célere para a conquista da meta adversária, comandada às vezes por vanguardeiros do talento de um Pelé. Ora, por que não se falar então de uma vanguarda de poesia? A poesia é considerada pelos especialistas a principal área de testagem das línguas, o setor onde a linguagem apura e concretiza suas potencialidades expressivas, suas possibilidades como veículo do pensamento criador. Foi, com efeito, Camões, através de sua multifária poesia, e não um desses carrancudos gramáticos nossos conhecidos, quem sistematizou e deu corpo de idioma literário à língua portuguesa. Natural, portanto, que os poetas caminhem à frente, experimentem, inventem, adicionem formas e estruturas novas à grande linguagem da emoção humana, da inteligência criativa que é a poesia. Sempre houve poetas de vanguarda, homens que tomaram a si a tarefa de conduzir a sua arte para a renovação, quando as formas em uso se tornavam estanques, estacionavam, incapazes de exprimir o mundo em evolução, as inquietações espirituais e as transformações materiais que experimentava. Poetas imbuídos de consciência crítica não só perante os fatos da linguagem, como também diante, muitas vezes, dos problemas mais vivos de seu contexto social. Ainda na Grécia, Timóteo de Mileto se insurgia contra as regras clássicas vigentes e, apesar das incompreensões e reações da já então tradicional família dos acomodados, procurava inovar a poesia e a música, justificando com veemência a sua atitude:

> Não canto os velhos cantos,
> porque meus novos cantos são melhores:
> ....
> que parta a Musa antiga!

Na Idade Média, entre os trovadores da Provença, adiantou-se a figura de Arnaut Daniel, inventor de ritmos e processos na arte trovadoresca, cujas qualidades de exímio artífice da língua provençal Dante louvaria numa das passagens do *Purgatório*. Incorporando elementos de mais rica sonoridade, de maior ostentação plástica, organizando recursos de expressão, Góngora, por sua vez, conferiu à linguagem poética uma dimensão criativa dentro da concepção de uma realidade feérica e encantatória imposta pela estética do período barroco. No século XIX, são muitos os exemplos de poetas vanguardistas, de pesquisadores e implantadores de novas formas, entre eles Edgar Allan Poe, Baudelaire, Rimbaud e esse antecipador das formas visuais na poesia que foi Mallarmé. Nosso século, vivendo agudamente a grande corrida científica das invenções e descobertas, ingressando audaciosamente na era do átomo e da conquista espacial, não poderia deixar de sentir, também no campo da poesia, a tentação da pesquisa, a lúcida paixão do *novo*. E aí está, delineando caminhos e direções aos poetas que vão surgindo, a poesia de linha de frente de um Sá-Carneiro, de um Fernando Pessoa, de um Maiakóvski, um Ezra Pound, um William Carlos Williams, um Francis Ponge e tantos outros, sob a égide maior de James Joyce, que, embora ficcionista, foi o autêntico implantador de uma linguagem de consciência artística em nosso século.

Essa vanguarda de pesquisa no campo da linguagem, de invenção de novas formas não chega, porém, a constituir uma tradição ao longo da história de nossa poesia. País conformado por limitações de ordem econômica e social, o Brasil não passou, durante quatro séculos, de mero diluidor de uma cultura transplantada, quase sempre servida ao gosto duvidoso e ao interesse imediatista de pequenos grupos que, ao lado do controle da agricultura e do comércio, conduziam a vida pública. Não seria de estranhar, portanto, que saíssem desse meio os nossos primeiros prosadores e poetas, freqüentemente simples improvisadores, cujo conhecimento das letras não ia além do que oferecesse fácil acesso a uma inteligência não afeita ao estudo crítico e à meditação. Na sua consciência ingênua, todo indivíduo de algum verniz de ilustração se julgava na obrigação de perpetrar os seus versinhos, os seus sonetos, muitas vezes declamados nas ocasiões festivas em meio aos discursos enfeitados de citações latinas, decoradas nas sebentas de Coimbra ou do Caraça. Imaginem vocês que até José Bonifácio, Quintino Bocaiúva, José do Patrocínio, Joaquim Nabuco, Rui Barbosa e outros figurões passaram pelo voluntariado do verso, que não poupou sequer o venerável imperador Dom Pedro II... Não se trabalhava a poesia a partir de um conceito criativo, mas como simples diletantismo ou, quando muito, como exercício do que, academicamente, se costuma chamar ainda hoje "inspiração" ou "estro". Nossa poesia foi, durante longo tempo, bem pobre, subdesenvolvida mesmo como a própria realidade em que se manifestava. Imitava-se abertamente, repetiam-se sem receio os modelos estrangeiros, raramente a eles acrescentando alguma forma de intuição brasileira, algum sentido criador novo e nacional, vislumbrado acaso na postura tropical de um Gregório de Matos. Aliás, caso se fosse reescrever a história da literatura brasileira sob o ângulo da reavaliação crítica, poucos seriam os escritores e poetas que certamente escapariam a um expurgo, a uma depuração qualitativa. A verdade é que, não obstante as presenças válidas de Gregório de Matos, Cláudio Manoel da Costa e talvez Basílio da Gama ou Silva Alvarenga, faltou à poesia brasileira, em seus primórdios, um artista do talento de um Aleijadinho, capaz de imprimir à sua arte um sentido redutor, um selo de transformação, de recriação autenticamente nosso. Por tudo isso, teríamos no decorrer do século XIX, tão fértil numericamente em poetas e subpoetas, apenas alguns poucos autores que trabalhariam a sua poesia dentro de uma noção consciente de arte. Em meio à eclosão de sentimentalismo, de improvisação, de culto à inspiração e à retórica que marcou o romantismo brasileiro, quase não se soube preservar na obra poética os elementos essenciais de uma linguagem de categoria criativa. Sousândrade, que hoje vem sendo reestudado pela nova crítica como precursor brasileiro da moderna poesia de vanguarda, viu com lucidez a nossa problemática literária do tempo, ao denunciar, em 1876, a alienação e o espírito improvisador que dominavam os autores nacionais. Afirmava o poeta maranhense:

> É porque me quer parecer a falta de ciência e de meditação o motivo da nossa literatura não ter podido ainda interessar o estrangeiro. Até a nossa ortografia portuguesa não se entende entre si; a nossa escola não é nossa e nada ensina aos outros; estudando os outros, tratamos então de elegantizá-los em nós, e pelas formas alheias destruímos a escultura da nossa natureza, que é a própria forma de todos. A nossa música e os nossos literários esplendores de certo que transportam e deslumbram os sentidos, mas também adormentam o pensamento, afrouxam a idéia do homem[1].

Foi a partir do simbolismo que os nossos poetas começaram a freqüentar com assiduidade e proveito os autores de vanguarda que pudessem trazer à nossa incipiente poesia uma lição de formas útil ao adestramento técnico da arte poética brasileira. Mallarmé incluía-se entre os mestres diletos do grupo de rebelados que se insurgiu contra a ditadura parnasiana, contra os padrões de uma poesia que se cristalizara na rigidez acadêmica da métrica e da rima, do verso conceituoso e da "chave de ouro". Alphonsus de Guimaraens e Cruz e Souza se inscreveram ostensivamente na órbita lírica mallarmeana, embora tenham sido os quase desconhecidos Severiano de Rezende e Pedro Kilkerry os simbolistas brasileiros que mais avançaram no sentido da elaboração de uma linguagem nova e da invenção verbal. Com o advento do modernismo, consolidou-se entre nós essa consciência poética, fundada primacialmente nos valores da linguagem como expressão

---

1. Augusto e Haroldo de Campos, *Re visão de Sousândrade*. São Paulo: Edições Invenção, 1964, p. 119. 3. ed., São Paulo: Perspectiva, 2002, p. 195.

criadora do homem, linguagem já então encarada também numa dimensão de maior objetividade semântica, de mais nítida índole reveladora de nosso ser nacional. Os manifestos revolucionários do movimento de 1922 assumem, em conseqüência, caráter francamente vanguardista. Os moços da revista *Klaxon* vêem na obra de arte um "moto lírico", que é a sua "lente transformadora da natureza"[2]. O *Manifesto da Poesia Pau Brasil*, de Oswald de Andrade, prega como princípios a síntese, o equilíbrio, o acabamento, a invenção, a nova perspectiva, e nele se fala, pela primeira vez, em *poesia de exportação*[3]. Quatro anos depois, o *Manifesto Antropófago*, do mesmo Oswald, radicaliza uma filosofia de autencidade brasileira e defende uma "consciência participante"[4]. Assim, uma idéia implícita de vanguarda presidiu o trabalho criador dos primeiros modernistas, responsáveis por um período novo e realmente emancipador de nossa poesia.

Até agora tenho falado em vanguarda como atitude artística, como posição pessoal do poeta diante do fenômeno estético. O que vocês esperam ouvir na verdade é um depoimento sobre a vanguarda como movimento novo em nossa poesia, como esforço organizado das novas gerações no sentido da criação de uma linguagem poética que exprima a sensibilidade do homem brasileiro de nosso tempo e com ele estabeleça um processo vivo de comunicação. O esboço traçado da evolução de uma idéia, de uma profissão de vanguarda ao longo da história da poesia tornou-se, todavia, necessário para que vocês possam compreender com mais precisão as razões que levaram os poetas moços do Brasil a constituir na vanguarda uma linha renovadora para a arte poética nacional. A verdade é que o modernismo, revolucionário nas primeiras décadas, acabou, salvo algumas exceções, por estagnar-se, quando

---

2. Manifestos Modernistas. *Revista do Livro* n. 16, Rio de Janeiro: INL-MEC, dez. 1959, p. 185.
3. Idem, p. 187-190.
4. Idem, p. 192-197.

não foi capciosamente conduzido a recuperar as velhas fôrmas parnasianas, numa ação de visível retrocesso, de involução. Nós, que começamos a escrever nas alturas de 1950, encontramos na poesia brasileira um horizonte confinado, um ambiente acadêmico incapaz de satisfazer a nossa ânsia moça de renovar, de criar, de acrescentar à realidade qualquer coisa que anunciasse ruidosamente a nossa presença no mundo. Atordoados, porém, com o próprio barulho de nossos primeiros passos na literatura, nós, na ingenuidade encantada dos vinte anos, chegamos a nos desviar de nosso caminho natural, ardilosamente atraídos pelas velhas raposas do conservadorismo. Mas o sangue jovem ferveu o bastante para que repudiássemos – uns mais cedo, outros mais tarde – o formalismo estreito que nos ameaçava tragar no mesmo instante do nascimento. Agora, decorridos tantos anos, agora que amadurecemos a nossa consciência crítica e sabemos caminhar pelos nossos próprios pés, podemos avaliar o aspecto a um só tempo desolador e ridículo daquela festa alienatória em que antigos revolucionários de 1922, esquecidos de suas origens vanguardistas, se confundiam com os remanescentes acadêmicos e exibiam aos jovens poetas um espetáculo de repertório burlesco, que variava entre o soneto com chave de ouro e tudo e os longos rosários discursivos. Estava traído o espírito do modernismo e cumpria às novas gerações recolocar a poesia brasileira na direção estética inaugurada em 1922.

O grito de alerta nós o ouvimos de João Cabral de Melo Neto, um dos poucos representantes de sua geração que não compactuaram com o golpe retornista desfechado em 1945 e poeta que, ao contrário, viria influenciar decisivamente a nova poesia em seus rumos vanguardistas. Por ocasião do congresso de escritores comemorativo do IV centenário de São Paulo, o autor de *Duas Águas* colocou em debate, numa tese hoje histórica, o problema da alienação da linguagem poética então consagrada e propugnou uma poesia que, abandonando as estruturas anacrônicas, fosse capaz de criar tipos de poemas que correspondessem "as exigências da vida moderna" e de se afirmar como instrumento verdadeiramente funcional "na captação da realidade objetiva moderna e dos estados de espírito do homem moderno"[5]. Convocado para a necessidade de revisão mais ampla dos fundamentos críticos e formais de nossa literatura, articulava-se pouco depois, em Belo Horizonte, o grupo Tendência. Em sua plataforma, a revista mineira lançava as bases de seu nacionalismo crítico-estético, preconizando a pesquisa e "descoberta de forma que correspondam à consciência nacional"[6]. Em São Paulo, o grupo Noigandres radicalizava a linha programática de criação da poesia concreta, dando seqüência aos seus experimentos no campo do dimensionamento visual do poema. Embora dissociados em seus objetivos iniciais, os dois grupos evoluiriam dialeticamente, na área criadora da poesia, para um denominador comum. No II Congresso Brasileiro de Crítica e História Literária, realizado em 1961 na cidade paulista de Assis, iniciou-se o tão profícuo diálogo Tendência-Concretismo. E a Semana Nacional de Poesia de Vanguarda, promovida pela Reitoria da Universidade de Minas Gerais em agosto de 1963, marcou, sem dúvida, um instante de confluência dos principais movimentos que se batiam pela renovação de formas e por uma nova consciência criativa em nossa poesia. O comunicado final da Semana, subscrito pelos poetas e críticos a ela presentes, sancionou um conceito brasileiro de vanguarda e definiu para a poesia nova uma consciência de forma, um compromisso de comunicação e participação e um processo de função prática, fixando também a responsabilidade do poeta perante a sua época e a realidade nacional.

Mas em que consiste realmente o poema de vanguarda? Examinemos essa forma nova que muita gente considera absurda e exótica à primeira vista e que, após

---

5. João Cabral de Melo Neto, Da Função Moderna da Poesia, *Congresso Internacional de Escritores e Encontros Intelectuais*, São Paulo: Anhembi, 1957, p. 311-315

6. *Tendência*, n.1, Belo Horizonte: agosto de 1957, p. 4.

um esforço de atenção, acaba se convencendo entretanto ser mesmo a forma poética que atende às imposições de síntese e concisão de nossa época e aproveita os recursos que a técnica atual coloca a serviço de um processo mais racional de comunicação. Inicialmente, devemos deixar bem claro que a poesia de vanguarda se desdobra em duas direções, ambas essenciais para o seu desenvolvimento e a sua afirmação como linguagem de validade estética e de mais ampla significação humana. Numa dessas direções, aprofundam-se as pesquisas formais, as experimentações no sentido da invenção de estruturas e soluções verbais. É a linha mais característica dos poetas concretos, notadamente de um Décio Pignatari ou de um Wlademir Dias Pino. A outra direção – que poderíamos chamar a "linha mineira", porquanto são os poetas de Minas os seus principais representantes – trabalha uma poesia de maior abertura semântica, dentro de um processo comunicativo de rendimento mais imediato. Entretanto, nem os concretistas abrem mão da motivação humana, da instigação social em que se sustenta o avanço técnico de sua arte, nem os vanguardistas mineiros subestimam o permanente aperfeiçoamento de seus recursos no terreno experimental da linguagem. Essa sintonia, essa confluência de contribuições que se completam num só objetivo renovador puderam ser constatadas por quantos visitaram a exposição de poemas-cartazes na Reitoria (Semana Nacional de Poesia de Vanguarda). Daí não procederem as acusações que os mais apressados fazem à poesia de vanguarda, como se se tratasse de um fato marginal da literatura brasileira, um jogo de intelectuais privilegiados, o exercício lúdico de uma elite ociosa. Não se pode julgar a poesia de vanguarda com afirmações ingênuas, com conclusões fáceis, apenas por se ter visto um poema de teor experimental que não se chegou a compreender. Ademais, toda nova linguagem choca de início a inteligência afeita a estruturas já padronizadas, às convenções consagradas pela sanção social, pela educação. Nós começamos a ingerir má poesia nos grupos escolares, continuamos quase sempre a ingeri-la nos colégios, algumas vezes nas próprias universidades. Como então reagir de pronto, consciente e inteligentemente, a uma poesia que nos impactua com o seu ineditismo, com a sua contundente novidade? Também a sensibilidade se vicia, se deseduca sob a pressão dos subprodutos estéticos, dos entorpecentes sentimentais, sejam eles uma açucarada película de Hollywood ou um deplorável poema acadêmico.

Devo citar, a propósito, interessante experiência realizada por uma educadora mineira, numa de nossas escolas primárias. Exibiu ela a seus alunos o poema-cartaz *A Pesca*, do nosso companheiro Affonso Romano de Sant'Anna, e pediu que o interpretassem livremente. O poema, de contextura vanguardista, é bastante sintético na sua estrutura, conciso na sua linguagem. Pois os alunos apreenderam sem maiores dificuldades o pretexto, a idéia, o sentido semântico que o poema apresenta e o interpretaram admiravelmente, com uma fidelidade que não tolheu o natural vôo da imaginação infantil[7]. Este exemplo nos leva a concluir que apenas o hábito do antigo, do canonizado, do estabilizado é que força a inteligência a refugar, num primeiro contacto, o objeto novo que a agride e surpreende. A poesia de vanguarda é uma linguagem elaborada por uma sensibilidade nova, com recursos novos, e tem tudo para encontrar a correspondência de outra sensibilidade também nova que é a do seu consumidor. Ao invés do preconceito do "não entendo" deve prevalecer uma entrega mais autêntica da sensibilidade, porquanto diante de um poema de vanguarda vocês poderão ter sempre a certeza de que, atrás daquela forma aparentemente chocante para os nossos olhos embotados, há pulsando uma inteligência nova, uma emoção nova, uma força nova, como em vocês mesmos.

---

7. Affonso Romano de Sant'Anna, A Poesia de Vanguarda e a Escola Primária, comunicação lida na Semana Nacional de Poesia de Vanguarda, Belo Horizonte: agosto de 1963 e publicada em *Estudos Universitários – Revista de Cultura da Universidade de Recife*, n. 5. Recife: jul.-set., 1963, p. 65/76.

Dizia o prospecto da Semana Nacional de Poesia de Vanguarda:

> A poesia aqui já não se comporta em suas dimensões tradicionais. Numa época de prevalência da técnica de visualização e portanto favorável à disseminação de novos veículos de divulgação da arte, a poesia adquire um outro plano comunicativo e já não se restringe ao consumo na fruição auditiva e na leitura em recolhimento. É a poesia não só para os livros, mas para os cartazes, os murais, a televisão, a poesia que deseja responder às solicitações de uma civilização coletivista[8].

Essa apresentação didática ensina que o poeta de vanguarda quer encontrar a forma adequada para expressar-se, quer oferecer um produto estético ao nível das condições de vida e cultura impostas pelo nosso tempo. E isso só poderá ser feito através da utilização objetiva, econômica, direta da palavra. O discurso poético, tal qual o praticam os passadistas, não é mais funcional numa época que reclama objetividade, precisão, clarificação. O excesso discursivo redundaria hoje no mesmo fracasso a que chegaram, nas duas primeiras décadas do século, os remanescentes do parnasianismo com uma linguagem feita de conceitos abstratos, de regrinhas formalistas, enfim, de completa alienação. O poeta de nossos dias tem que falar uma linguagem que se aproxime em sua concisão das mensagens que a atualidade exige e condiciona. O discursivo não poderá concorrer mais com a força de síntese expressiva contida, por exemplo, na imagem visual, mais direta e contundente. A poesia de vanguarda visa, por isso, a aproveitar ao máximo, ao lado de outros recursos de que já dispõe, os recursos de comunicação visual e caminha para a conquista, numa etapa mais avançada, de formas de poemas que possam ser exibidos na tela dos cinemas, nos vídeos da televisão, ser afixados nos muros e paredes, ser

---

8. *Semana Nacional de Poesia de Vanguarda*: prospecto de apresentação, Belo Horizonte: Universidade de Minas Gerais, ago. 1963. Ver em Apêndice, infra, p. 202.

até mesmo gravados no asfalto. Quando se fala já em *poesia cibernética*, produzida artificialmente "com o concurso de computadores eletrônicos"[9] nossa linguagem não pode evidentemente ser mais a mesma de nossos pais e muito menos a de nossos avós.

O poeta de vanguarda – repetimos – tem que trabalhar a sua poesia cônscio de que escreve na época do cinema, da televisão, da publicidade. Aliás, será útil para a compreensão da poesia de vanguarda uma comparação entre o seu processo e o que vem sendo adotado pela nova técnica publicitária. Antigamente, as mensagens promocionais, chamadas comumente "anúncio" ou "propaganda", eram longas, analíticas, palavrosas, recorrendo muitas vezes ao auxílio de versinhos à moda acadêmica. Hoje, a mensagem publicitária é breve, incisiva, aproveitando ao máximo a sugestão visual. Antigamente, tínhamos tempo bastante para ler e decorar, durante os morosos itinerários do bonde, anúncios como este:

> Veja ilustre passageiro
> o belo tipo faceiro
> que o senhor tem ao seu lado,
> e no entanto acredite
> quase morreu de bronquite,
> salvou-o o Rum Creosotado.

Hoje, na era do supersônico, dos anúncios luminosos, dos *slides*, dos cartazes, recorre-se, quando muito, aos *jingles* musicais. À margem da moderna rodovia, a mensagem breve e persuasiva de um refrigerante apenas nos mostra a figura saudável de uma jovem mulher na praia, a garrafa com o nome do produto e esta frase: "Isto faz um bem!".

A poesia de vanguarda também procura uma linguagem breve e persuasiva, o que, entretanto, não implica na impossibilidade de se elaborar, quando o tema assim exige,

---

9. Max Bense, Poesia Natural e Poesia Artificial, Suplemento Literário de *O Estado de S. Paulo*, 10 de outubro de 1964, e republicado em *Pequena Estética*, São Paulo: Perspectiva, 1971, p.181-187.

um poema mais extenso, de estrutura mais complexa. Eu, pessoalmente, tenho escrito poemas de maior extensão e penso não ter, com isso, sacrificado a concisão, o teor sintético, a eficiência comunicativa da linguagem. Para aumentar a força de persuasão da linguagem, clarificá-la, acentuar-lhe a carga significante, o poeta de vanguarda, sem recorrer às metáforas ou à retórica discursiva, pode valer-se de recursos lingüísticos que saberá organizar e utilizar. Na montagem do texto poético de vanguarda, vocês encontrarão, dentro de uma disciplina estrutural que varia de poeta para poeta, as paronomásias, aliterações, assonâncias, repetições, conotações enfim de ordem semântica, morfológica, sonora ou gráfico-visual, além de outros elementos de invenção ou opção importante para a sintaxe poemática. A capacidade de síntese e a carga expressiva da poesia de vanguarda podem ser medidas pela virtualidade que ela tem de veicular, de comunicar, em composições que se aproximam do ideograma, toda a informação semântica emanada de um dado pretexto. Infelizmente, não posso reproduzir aqui, por se tratar de composição de caráter eminentemente visual, o poema-cartaz "Epitáfio para um Banqueiro", de José Paulo Paes, que ilustraria a contento a minha afirmação[10]. Assim, para dar uma idéia, ainda que apenas auditiva, das possibilidades expressivas da poesia de vanguarda, apresentarei três fragmentos de poemas, ou, como prefiro dizer, três breves e diversas unidades referenciais. A primeira pertence ao poema "Frases Feitas" e é assim:

---

10. Este poema-cartaz foi incluído na mostra da Semana Nacional de Poesia de Vanguarda, e publicado na revista *Invenção*, n. 3, São Paulo: junho de 1963, p. 47:
Epitáfio para um banqueiro

   n e g o c i o
     e g o
       o c i o
        c i o
         O

119

> o crime é não vencer
> o crime é não vender
> o crime é não vir a ser
> o crime é não virar cedo
> o crime é o NÃO VEZES CEM.

A segunda pertence ao poema "Teoria dos Coroas" e lê-se:

> a realidade é a dos coroas
> a real idade é a dos coroas
> a hilaridade é a dos coroas
> (sua filosofia é o civismo
> sua filosofia é o cinismo
> sua filosofia é o si mesmo).

O terceiro fragmento é o seguinte, pertencente ao poema "Orografia":

> Mantiqueira
> homem e esterqueira
> homem e torpeza
> homem e torpor
> homem ao termo
> homem sinete
> homem-tinteiro
> homem trincheira.

Para exprimir o universo de significações e de sugestões condensado nas três unidades lidas[11], o poeta teria, dentro da forma discursiva tradicional, de utilizar umas boas laudas de papel...

Muita gente, por ingenuidade ou por má-fé, se coloca contra a poesia de vanguarda, acusando-a sumariamente de estar ou se lançar a serviço de intenções extra-estéticas.

---

11. Trata-se de fragmentos de poemas meus, pertencentes ao livro *Código de Minas & Poesia Anterior*, Rio de Janeiro: Civilização Brasileira, 1969. Os poemas Frases-feitas e Teoria dos Coroas estão incluídos também em *Discurso da Difamação do Poeta. Antologia*, São Paulo: Summus Editorial, 1978.

Essa gente, consciente ou inconscientemente, está na verdade é fazendo o jogo dos reacionários da arte, dos produtores de uma poesia que já nasce superada, daqueles que não admitem, por falta de perspectiva crítica, um processo de evolução que, afinal, não é privativo da arte, pois se estende a toda atividade humana. E a arte é primacialmente criadora, qualquer pretensão em contrário será a sua negação. A arte cria, porém, a partir de um pretexto humano e esse pretexto é sempre a realidade, a experiência, a condição do homem. Acontece que hoje, no Brasil, nenhum intelectual esclarecido pode desligar a sua vivência de um contexto de realidade nacional onde ela decorre, seja ele um pensador cristão da estatura de um Alceu Amoroso Lima ou um poeta às vezes da mais pura abstração formal como João Cabral de Melo Neto. E os problemas que a realidade brasileira suscita falam mais de perto à sensibilidade jovem, à sensibilidade ainda não embotada pela descrença e pelos estereótipos morais e sociais. Daí a poesia de vanguarda responder aos apelos emocionais de nosso ser coletivo, do mesmo modo que está apta a exprimir também, em sua forma criativa, a mais íntima experiência existencial. É neste ponto que o poeta de vanguarda diverge dos poetas da chamada "geração de 45", que teimam em estacionar a poesia, em cultivar o discurso abusivo ou o formalismo inócuo, em vez de inventar, de criar formas novas. Porque forma não é apenas a casca do poema, o arranjo certinho de frases e palavras, mas muito acima disso é a contextura de acabamento, de totalização que o artista dá ao seu impulso criador. Cada emoção e cada pretexto têm a sua própria forma, que eles mesmos condicionam e exigem para a consecução final do objeto artístico que deve ser o poema.

Finalizando, penso ter deixado bem claro que o movimento de vanguarda não é a aventura inconseqüente que a muitos parece ser. A vanguarda é hoje um fato real de nossa literatura, um fato novo e vivo sem o qual não se compreenderia a atualidade literária brasileira. O movimento de vanguarda, que abrange não só a poesia, mas também a ficção e o ensaio crítico, amplia a sua área de influência e ganha a cada dia maior consistência com o aparecimento, em Minas, no Rio, em São Paulo e outros Estados, de novos autores, grupos ou correntes que, coordenados ou divergentes entre si, impulsionam da mesma maneira o projeto comum de renovação da linguagem literária nacional. A importância do trabalho vanguardista pode ser avaliada, ainda, pelo fato de que os nomes consagrados de nossa poesia não ficaram insensíveis às conquistas técnicas da vanguarda ou ao clima por ela inaugurado de maior rigor semântico, de mais apurada síntese e concisão de linguagem. Documentando também nos velhos poetas o espírito de uma poesia nova, aí estão os últimos livros de Carlos Drummond de Andrade, Manuel Bandeira, Murilo Mendes, Cassiano Ricardo, dentre outros. E o sonho oswaldiano de uma poesia de exportação começa a realizar-se com o interesse despertado em países da Europa, nas Américas e até no Japão, inicialmente pela poesia concreta e hoje por toda a poesia brasileira de vanguarda. Colocado no centro da história, vivendo a vida moderna na sua plenitude, o poeta de vanguarda veio, por sua vez, corrigir o secular e errôneo conceito do poeta como um ser à parte do mundo objetivo. O poeta de vanguarda, como a sua própria poesia, tem uma presença responsável e lúcida no mundo atual, na realidade que ele quer modificar e revestir das formas do novo. Porque o poeta de vanguarda não teme o novo e a ele só repugna o que é anacrônico e perempto, o que traz o cheiro do mofo. Daí ele poder repetir com João Cabral de Melo Neto:

A MEDIDA DO HOMEM
NÃO É A MORTE, MAS A VIDA[12].

1964

12. J. C. de Melo Neto, Pregão Turístico do Recife, *Duas Águas*, Rio de Janeiro: Livraria José Olympio Editora, 1956, p. 28.

LITERATURA SITUADA

Decorridos trinta anos dos manifestos da primeira hora modernista, foi na década de 1950 que o projeto de uma literatura situada se impôs novamente ao escritor brasileiro, então em termos de decidida consciência crítica. Historicamente, vamos encontrar na tese "Da Função Moderna da Poesia", apresentada por João Cabral de Melo Neto ao Congresso de Escritores comemorativo do quarto centenário de São Paulo, a primeira manifestação válida nesse sentido. O autor de *Duas águas* denunciava a alienação da linguagem poética, divorciada da evolução das técnicas e incapaz de utilizar, com rendimento e dimensão artísticos, os novos instrumentos de comunicação conquistados pelo homem. A seguir, o problema seria retomado, sob o ângulo de uma vinculação estética nacional, pela equipe mineira de *Tendência*, propugnadora da fundação de uma expressão literária de autenticidade brasileira. Já agora, outras tomadas de posição ocorrem quase simultaneamente nas mais diversas áreas de nossa jovem literatura, voltadas todas para o propósito comum de se superar o caráter alienatório de uma criação que não mais corresponde às imposições do tempo e da realidade nacional. Esse engajamento que se procura ainda desarticuladamente, mas ostensivo o suficiente para abalar uma ordem que encerra dramaticamente o seu ciclo, é parte integrante da formulação de um pensamento nacional que sistematiza a sua ideologia e instaura uma sociologia de redução, em consonância com as fundas transformações da estrutura socioeconômica. O fenômeno da desalienação das idéias no Brasil responde, assim, ao processo da arrancada anticolonialista no campo do desenvolvimento material. E o projeto de uma nova literatura poderá firmar-se como um movimento capaz de dar forma e direção às forças tumultuariamente desencadeadas pelo espírito modernista e estatuir a sua linguagem renovadora, ao mesmo tempo identificada com a corrente viva da arte de nossa época e situada num contexto de revolução brasileiro. Daí a importância de cada novo pronunciamento, de cada reflexo de conscientização que se vem somar à preocupação de romper o ambiente acomodatício, de retirar o escritor do clima solerte de estagnação que ameaçava seccionar a marcha emancipadora de nossa literatura.

Entre esses alistamentos, assume, sem dúvida, relevante significado o salto participante anunciado no Congresso de Assis pelos concretistas, por quanto eram eles objeto de constante equívoco crítico, encarados apenas sob o aspecto unilateral de suas pesquisas. O engajamento concreto não permaneceu no terreno teórico do relatório-manifesto apresentado naquele importante encontro e a revista *Invenção*, que lançaram agora em colaboração com outros escritores paulistas, expressa o seu conceito de uma poesia nova, "participante enquanto criação e invenção"[1], poesia já consubstanciada em produções recentes como "Estela Cubana", de

---

1. *Invenção* – revista de arte de vanguarda, n. 1. São Paulo: 1º trimestre de 1962, p. 2.

Décio Pignatari, e o fragmento de "Servidão de Passagem", de Haroldo de Campos, publicado em *Tendência* n. 4. Concomitantemente, vemos divulgado no Rio o relatório de Carlos Estevam sobre o *Centro Popular de Cultura e a Arte Popular Revolucionária*[2]. Embora distanciado em suas postulações estéticas do nacionalismo crítico de *Tendência* e do criativismo participante de *Invenção*, o chamado movimento de arte popular deles se aproxima ideologicamente ao partir de igual constatação do fato brasileiro. Parece-nos, todavia, que a tese de Carlos Estevam, procedente quanto à indicação da dicotomia *arte-sensibilidade popular*, inclina-se de modo perigoso para uma posição de transigência ao admitir a validade atual de formas tradicionais sancionadas pelo povo, como se fosse possível qualquer renovação no campo da arte com o simples retorno a estruturas superadas, o que, aliás, já se pretendeu ingenuamente entre nós. Felizmente, o próprio autor da tese atenta para o imperativo da liberdade de pesquisa também no *artista revolucionário*, o qual se dedica, "como não podia deixar de ser, à pesquisa formal e à preocupação de desenvolver ao máximo seus recursos de linguagem, mas o faz sem se deixar seduzir pela dinâmica imanente a este processo".

A desalienação do escritor e da sua criação torna-se, como se vê, o grande dilema das novas gerações, convertendo-se em matéria de sucessivos manifestos, teses, pronunciamentos. E a mentalidade renovadora que evidencia assim a sua vitalidade começa também a empreender a sua revisão de valores, a implantar os seus padrões críticos, não apenas em revistas ou colunas de suplementos, mas igualmente no domínio profícuo e intensivamente aliciador da cátedra. Inclui-se nessa linha o trabalho, *Dinâmica da Literatura Brasileira: situação do seu escritor*[3], com que Luiz Costa Lima disputa a cadeira de língua e literatura

---

2. Divulgado em edição mimeografada pelo Centro Popular de Cultura da UNE, Rio de Janeiro: 1962.
3. Luiz Costa Lima Filho. *Dinâmica da Literatura Brasileira:* situação do seu escritor, Edição do autor: Recife: 1962.

em estabelecimento oficial de Pernambuco. Examinando o processo de evolução de nossas letras, ele o interpreta em função do fenômeno alienador responsável pelo abastardamento qualitativo da produção literária no Brasil, pela sua incapacidade de exprimir o condicionamento de um ser nacional e, conseqüentemente, pela marginalização do escritor. Após definir *situação* como uma idéia de "inserção do homem em uma determinada complexidade de fato, a qual, geograficamente, o sobrepassa, porém com a qual, existencialmente, convive", Costa Lima assevera que, apesar da sua visão situada do dado literário brasileiro, não pretendeu "fazer um ensaio de sociologia da literatura". Realmente, o que depreendemos da leitura de seu estudo é que o ensaísta pernambucano antecipa, nas dimensões naturais de uma tese para concurso, um método e mesmo algumas conclusões valiosas, que não poderão ser desprezadas por quem tomar a si o projeto de uma história crítica da literatura brasileira. Confrontando dialeticamente os elementos *alienação* e *situação*, Costa Lima remonta ao período colonial, quando, em contraste com a maioria dos escritores que não "digeriam a influência dos autores estrangeiros", vai surpreender em alguns poucos as raízes de uma "linha antialienada" sensível ao condicionamento do homem à sua nova realidade.

Detendo-se no caráter verbalista que caracteriza Vieira e os escritos coloniais, verbalismo que quando exacerbado – acrescentamos – se ergueria numa constante para alcançar ainda hoje certos cultores da pletora discursiva, Costa Lima aventura a designação de *frase latifundiária* para a construção frásica vazia e retórica, "em correspondência à forma econômica de organização". Para que essa original observação lograsse afirmar a sua inteira e correta procedência, impunha-se contudo que o ensaísta estabelecesse com maior clareza as distinções entre o que chama *verbalismo latifundiário* e a estrutura verbal barroca. Atribuindo ao barroco brasileiro a prevalência de projeção reacionária de ideologia ibérica, ele corre o risco de fazer supor que coloca o nosso barroquismo numa vertente alienadora comum, lado a lado com a espuriedade verbalista. Ora, seria ocioso insistir a esta altura na defesa do elemento novo que imprime autenticidade brasileira ao sentido redutor da escultura de um Aleijadinho, o qual funda na arte nacional aquela tradição que o ensaísta constata inviável na área estrita da literatura, tradição que o próprio Sartre, como se sabe, surpreendeu viva na arquitetura de um Niemeyer. Por outro lado, obras de ostensiva estrutura verbal barroca, a exemplo da ficção de Guimarães Rosa e da poesia de Jorge de Lima ou de Sousândrade, autor que Costa Lima revisa criticamente, resultariam, com certeza, subtraídas em sua valoração estética se aferidas dentro de critério que não levasse em conta essa desinência barroquizante.

Dizíamos que o autor de *Dinâmica da Literatura Brasileira* adianta conclusões ponderáveis, que serão úteis à reclamada reavaliação crítica de nossas letras. Com efeito, detém-se ele, por exemplo, no "caso" Sousândrade, "cuja surpreendente excelência do 'Canto x' de *O Guesa* começa agora a interessar a círculo avançado da crítica brasileira, o dos concretistas de São Paulo". Acentuando que o poeta maranhense buscava, em pleno clima de alienação pessimista ou de ufanismo ingênuo do romantismo, uma expressão superior aos padrões do tempo e na qual "é possível vislumbrar-se uma penetrante preocupação política", o ensaísta vê na linguagem e na estruturação poemática de *O Guesa,* com os recursos exibidos ali de desarticulação sintática e sintetismo expressional, uma antecipação ora da poesia de humor dos autores modernistas, ora mesmo da feição de montagem lingüística dos *Cantos* de Ezra Pound. Outra de suas observações da melhor validade crítica é a que se refere à "visão situada da experiência do mundo" entre os simbolistas franceses, especialmente em Mallarmé e Valéry, que de modo menos ou mais nítido deram ênfase ao "sentido direto e preciso das palavras". Nesse afã da "nomeação direta das coisas" (que – anotamos – não sensibilizou os simbolistas brasileiros, mais presos ao artifício musical de Verlaine), encontra o ensaísta o vínculo simbolismo-modernismo, ponto em que destaca a importância de Bandeira e dos poetas mineiros, notadamente Drummond, os quais, segundo Costa Lima, vieram suprir "o que faltava de substância" aos primeiros autores modernistas. Demarcada essa linha de uma tendência objetivante em nossa linguagem poética, o ensaísta a interrompe em sua seqüência de enfoque, para vir depois retomar a sua análise a propósito de João Cabral de Melo Neto, em quem salienta que a linguagem passa a ser "concretizante, através do poema objeto". Revelando embora toda uma bem instrumentada apreensão crítica da índole renovadora da poesia cabralina, ele não atentou para a função duplamente precursora exercida pelo autor de "Psicologia da Composição" e que achamos merecia ser enfatizada em trabalho da natureza do seu. É que Cabral abriu ao mesmo tempo duas perspectivas para a nossa jovem poesia: aquela que, numa valorização de pesquisas, deriva de seu poema objetivante, concretizante, e outra a que implicou na adequação da linguagem a um contexto referencial brasileiro, direções estas já dialeticamente conjugadas pelos que hoje trabalham uma poesia de vanguarda participante. Nessa desalienação da linguagem, nessa *situação* do escritor é que reside a chance decisiva de a literatura vir a sintonizar-se com o ser nacional neste trânsito de seu devir histórico – e aqui estamos de acordo com o ensaísta. Assim, a desomissão "face à conjuntura política" que Costa Lima reclama do intelectual brasileiro não deve entender-se como simples engajamento partidário, o que seria de precário rendimento em termos de autenticidade estética (é ele quem aponta, p. ex. em Jorge Amado, a união "falsamente sentimentalizada" com a realidade de que emerge). Independentemente, portanto, de seu alistamento em partido, que poderá ser útil ao seu amadurecimento como homem, ao escritor se impõe um compromisso a partir de sua arte, isto é, somente através da obtenção de uma expressão de totalidade estética estará ele apto a criar a sua forma de revelação ou denúncia de uma realidade nacional brasileira.

1962

UM CONCEITO BRASILEIRO DE VANGUARDA

Em encontro realizado na Faculdade de Filosofia da Universidade Católica de Minas Gerais, tivemos oportunidade de ouvir a ficcionista Clarice Lispector, que pouco antes havia regressado dos Estados Unidos, onde participara do XI Congresso do Instituto Internacional de Literatura Ibero-Americana, patrocinado pela Universidade do Texas de 29 a 31 de agosto de 1963. Sabíamos, através de prospecto do certame (enviado pelo nosso amigo Heitor Martins, professor da universidade americana de Tulane e autor da tese nele apresentada *O Concretismo na Atual Poesia Brasileira*), que o temário do mesmo fora consagrado ao estudo das diferentes manifestações de vanguarda nos países latino-americanos. Coubera à romancista de *A Maçã no Escuro*, no programa estabelecido, dissertar sobre o tema "Literatura de Vanguarda no Brasil". Assim, fugindo embora à orientação do encontro na faculdade católica de Belo Horizonte, que era o debate de problemas ligados à sua experiência pessoal de escritora, formulamos a Clarice Lispector algumas questões não só concernentes à sua presença no congresso do Texas, como também ao seu ponto de vista no que tange aos movimentos brasileiros de vanguarda. Sendo a sua obra considerada pela crítica como das mais representativas entre nós das tendências vanguardistas no setor da ficção, era natural a expectativa em obter sua opinião em assunto centrado em nossa área de interesse e que, dada a sua grande atualidade, vinha provocando controvérsias. Falando com honesta franqueza, a escritora confessou-nos que encontrara dificuldades para elaborar a comunicação feita em Austin, porquanto na ocasião não pudera dispor, em matéria tão diversificada, de uma informação mais ampla e abrangente, em especial no referente à poesia. Sua resposta prosseguiu no mesmo tom de lucidez e sinceridade, passando ela a esclarecer-nos quanto à sua própria idéia do que deva constituir *vanguarda* em literatura. Inicialmente, disse da impossibilidade de situar a sua ficção como exemplo de obra *vanguardista* dentro de uma perspectiva brasileira, pois lhe parecia necessário, antes de qualquer classificação, que se definisse, em conceito criticamente preciso, aquilo em que consiste para o escritor nacional uma *atitude de vanguarda*. E continuou com bastante clareza seu raciocínio: o conceito de vanguarda literária no Brasil não pode ser idêntico ao vigente na Europa ou nos Estados Unidos, onde *vanguarda* é expressão linearmente vinculada a uma noção de *forma*. Ao contrário, em país de estrutura subdesenvolvida como o nosso, qualquer projeto de *vanguarda*, isto é, de *ir à frente*, deve antes partir de uma tomada de consciência diante do contexto social, nossa realidade frontal e prevalente, para que possa então exprimir-se adequadamente em termos de avanço formal. Nessa distinção estabelecida por Clarice Lispector e que procuramos, dentro do possível, reconstituir e resumir em palavras nossas, indicou ela um critério para o julgamento de sua própria obra e ao mesmo tempo esboçou uma definição útil à conceituação crítica de uma vanguarda literária brasileira.

A alusão aqui feita ao diálogo com Clarice Lispector vem auxiliar-nos neste passo em que, também nós, somos convidados a depor sobre o mesmo problema. Realmente, a celeuma suscitada em torno do assunto se prendeu à falta de uma conceituação preliminar e exata da verdadeira natureza de um projeto de vanguarda numa conjuntura nacional brasileira. Daí ter a crítica tradicional se insurgido, em sua postura conservadora, contra o que lhe pareceu, à primeira vista, uma pesquisa de formas ociosa e marginal à índole de nossa cultura. Mas as incompreensões não se circunscreveram à área exclusiva da chamada crítica oficial. Elas se estenderam aos próprios redutos que propugnavam a renovação estética, dissociados em postulações teóricas ainda incapazes de abranger, numa perspectiva totalizadora, os aspectos contraditórios que revestiriam no Brasil qualquer projeto de vanguarda. Assim, uma ação conjunta dos vários grupos empenhados no mesmo objetivo só se tornaria viável após lenta evolução dialética de suas respectivas posições, com maior abertura ora para o plano do engajamento, ora para o plano experimental, até a final confluência numa posição única, global e em verdade criadora. No caso singular do grupo Tendência, a primeira revista no dizer do crítico Assis Brasil "a chamar o artista para a sua missão imediata"[1], ocorreu de início uma preocupação voltada mais para o imperativo da tomada de consciência perante um fato social e humano nosso e novo, que o escritor não poderia ignorar ou escamotear, sob pena de alienar-se. Embora fixasse na apresentação do número 1, que o seu "ponto de partida" seria "a descoberta de formas literárias que correspondam à consciência nacional" e que "nesta pesquisa" é que se empenharia[2], a tese-plataforma de "Tendência", consubstanciada também nos estudos assinados e objeto de amplo debate crítico[3], foi muitas vezes incompre-

1. Assis Brasil, O Impasse do Artista, Suplemento Literário do *Diário de Notícias*, Rio de Janeiro: 22 de julho de 1962.
2. *Tendência*, n. 1, Belo Horizonte: agosto de 1957, p. 4.
3. Ver Tendência em Debate – Referências e Comentários Críticos sobre Tendência, *Tendência*, n. 4, Belo Horizonte: 1962, p. 130 a 135. Dentre

endida, ao cúmulo de ser encarada por alguns setores como postulação de um nacionalismo conteudístico e fechado às experiências da linguagem. Reafirmando que tudo o que se desejava era "atribuir um caráter de maior rigor ou de mais exigência ao livre exercício da crítica e orientar ou dar sentido positivo ao esforço de pesquisa formal"[4], o grupo compareceu em 1958 com o segundo número da revista. E retornou nos quatro anos seguintes com mais dois números, assinalando e documentando uma evolução que não se operou unicamente no plano teórico, mas que se tornou ainda mais flagrante e amadurecida no domínio propriamente criativo. No nosso caso pessoal de poeta, após "nossas primeiras realizações no campo experimental de uma poesia participante" e aprofundando o estudo do problema da criação artística, passamos a compreender como imperiosa "a necessidade de se argüir a coisa nacional em si, determinar o comportamento e a essência do ser numa dada realidade que é a brasileira"[5], como condição fundamental para as jovens gerações se habilitarem ao trabalho preconizado da fundação de uma nova linguagem poética. Deste modo, *Tendência*, que se colocara pioneiramente numa vanguarda de engajamento, foi conquistando sem alarde, porém de maneira segura, uma posição igualmente de *vanguarda* no terreno da invenção formal.

O mesmo processo dialético presidiu a evolução, embora em sentido inverso, de outro grupo pioneiro – o dos concretistas de São Paulo. Retomando numa nova visada experiências levadas a efeito na década de 1920 pelo modernista Oswald de Andrade e desenvolvendo certos enunciados formais de João Cabral de Melo Neto, montaram eles

---

outros estudos posteriores e ali não arrolados sobre Tendência, destaca-se o ensaio de Angel Crespo e Pilar Gómez Bedate. Tendência: poesia y crítica en situación, *Revista de Cultura Brasilena*, Madrid: diciembre de 1965, p. 381 a 433, do qual foi feita também uma edição em separata.

4. *Tendência*, n. 2, Belo Horizonte: julho de 1958, p. 3 e 4.

5. A. Ávila, *Carta do Solo* – Poesia Referencial, *Invenção*, n. 2, São Paulo: 2. trimestre 1962, p. 55-60. Ver infra, p. 174.

o seu laboratório de pesquisas de uma nova linguagem, no qual trabalharam assistidos também por correta informação de teor estético dentro da melhor tradição universal de uma poesia de vanguarda. Assentados nesse embasamento formal, lançaram-se ao seu projeto, sistematizado teoricamente em 1958 no "Plano Piloto para Poesia Concreta"[6]. Não obstante a repercussão nacional e mesmo internacional do projeto, que pelo seu caráter insólito colocava em xeque a estrutura tradicional do poema discursivo e ameaçava a sobrevivência do próprio verso, sentiram os concretistas que suas criações, suas composições concretas se encaminhavam para um confinamento experimentalista no qual não se percebia, como seria de desejar, uma sintonização mais rigorosa de consciência crítica com o contexto que impunha ao intelectual brasileiro um condicionamento singular e nacional para a atividade de autêntica *vanguarda*. É certo que o projeto concretista, tal como ocorria com o de *Tendência*, trazia já em seu bojo o germe do desdobramento dialético, evidenciado mesmo em determinada tematização de índole participante, mas na realidade o que se vinha enfatizando no movimento eram as pesquisas, especialmente no campo do dimensionamento visual do poema. Não se coloca em dúvida aqui, como jamais colocamos, a importância dessas pesquisas, fundamentais mesmo para o processo de renovação de nossa linguagem poética, o que, aliás, temos assinalado mais de uma vez. Trata-se apenas de situar o projeto dentro de uma perspectiva brasileira, considerado ele em seu sentido de *vanguarda*. E os concretistas compreenderam com agudeza as proporções do impasse que se lhes antepunha e que, mantido sem solução, precipitaria infalivelmente uma crise talvez intransponível. "A poesia concreta vai dar, só tem de dar, o pulo conteudístico-semântico-participante"[7], afir-

---

6. Augusto de Campos, Décio Pignatari e Haroldo de Campos, Plano-Piloto para Poesia Concreta. *Noigandres*, n. 4, São Paulo: 1958.
7. D. Pignatari, Situação Atual da Poesia no Brasil, *Anais do Segundo Congresso Brasileiro de Crítica e História Literária*, Assis: Faculdade de Filosofia de Assis, 24-30 de julho de 1961, p. 388.

maria dramaticamente Décio Pignatari em julho de 1961, concluindo sua tese ao II Congresso Brasileiro de Crítica e História Literária. Abria-se nova etapa para a poesia concreta, também ela consolidando a sua posição numa linha mais consciente de *vanguarda*.

O diálogo Tendência-Concretismo, iniciado em pleno curso do Congresso de Assis, prosseguiu com imediato rendimento crítico e mesmo criativo para os dois mais importantes movimentos da nova literatura brasileira. Não obstante as naturais divergências de ordem teórica, muitas delas tornadas insubsistentes face ao desfecho construtivo dos debates, encontrou-se logo um ponto de confluência ideológico e a sua consonância numa expressão artística de densa carga participante. O diálogo convocou a atenção de escritores de outras partes do país, interessados como os mineiros e paulistas num projeto abrangentemente nacional de ação crítica e criação poética. Esse clima de entendimento e de trabalho comum, profícuo através da atuação de revistas, suplementos e outras publicações, acabou propiciando uma promoção decisiva para o entrosamento definitivo de nossas correntes de vanguarda. A reitoria da Universidade de Minas Gerais, numa seqüência de realizações culturais de caráter extensivo, promoveu, em agosto do ano passado, a Semana Nacional de Poesia de Vanguarda. A exposição de poemas-cartazes, levada então a efeito, reuniu trabalhos de vinte poetas, representando grupos de Minas (inclusive os jovens de *Vereda* e *Ptyx*, São Paulo, Guanabara e Paraná, numa mostra que, além de uma visão retrospectiva da evolução do concretismo, revelou ao público novos e simultâneos processos de concepção poética que ali se identificavam finalmente numa linguagem de eficácia formal e participante. Críticos, poetas e professores universitários de vários Estados participaram do ciclo de palestras e dos debates, ao fim dos quais subscreveram um comunicado em que definiram para a poesia nova uma consciência de forma, um compromisso de comunicação e participação e um processo de função prática, definindo-se também a responsabilidade do poeta perante a sua época e a realidade nacional. Nesse documento, hoje tornado histórico pela precipitação dos acontecimentos brasileiros, as nossas correntes poéticas de renovação não apenas concluem e equacionam a evolução dialética de suas primitivas posições, como principalmente estabelecem o conceito válido de *vanguarda* dentro de um contexto nacional:

> São imprescindíveis o empenho e a consciência da criação de novas formas e processos para o desenvolvimento e o avanço da poesia brasileira, que, ora e aqui, se reafirma e consolida como vanguarda participante. Esta poesia tem função crítico-criativa em âmbito nacional e internacional[8].

Ao definir-se como *vanguarda participante,* a nova poesia sancionou, assim, a correta conceituação do fenômeno vanguardista brasileiro que Clarice Lispector, desconhecendo ainda em seus termos o aludido manifesto, viria quase simultaneamente a reclamar em inteligente pronunciamento. E será com base nos princípios firmados nessa tomada de posição que o poeta brasileiro saberá fazer preservar, numa fase que para ele já se entremostra difícil e incerta, a sua liberdade e responsabilidade como homem e como artista, tornadas inócuas as emulações, as contrafações, as dissensões estéreis que somente se sustentam ao nível das aspirações estéticas imaturas e mal delineadas.

1964

---

8. *Semana Nacional de Poesia de Vanguarda*: comunicado e conclusões, Belo Horizonte: Universidade de Minas Gerais, 1963. Ver em Apêndice, infra, p. 205.

O DORSO (ILUMINADO) DO TIGRE

Uma das constatações mais chocantes ultimamente para o observador do fato literário é a indiferença, o alheamento que parece contagiar a geração em florescência de ficcionistas e poetas diante daquilo que podemos conceituar como atividades avaliadoras do pensamento e da criação. Há como que uma tendência generalizada entre os autores mais jovens – falamos em termos de um quadro brasileiro – em reduzir ao âmbito do gênero que cultivam todo o seu interesse literário, no confinamento ostensivo da sua literatura a um exercício fechado em si mesmo, ao invés de assumi-la na inteira e correta condição de fenômeno contextual, isto é, de fenômeno que deve exprimir a vinculação de quem escreve a um mundo de idéias mais amplo, mundo que de resto condiciona e renova permanentemente de sentido o corpo de toda a linguagem. Porque, sem o acicate da reflexão iluminadora, dificilmente se cumprirá, na plenitude, a meta que, no dizer de Roland Barthes, é a da arte do verdadeiro escritor, para quem escrever significará sempre fazer *estremecer o sentido do mundo*. Não se trata aqui, a nosso ver, de uma obcecante preocupação com a autonomia do texto, de sua coisificação como objeto feito da matéria concreta da linguagem, mas antes de uma despreocupação, a seu tanto ingênua e perigosa, frente aos fundamentos menos aparentes do universo de experiências e consciência a partir do qual decorre a façanha criadora do escritor. Esta é uma distinção necessária, porquanto, na primeira das hipóteses, ao contrário da apontada feição de carência, se poderia supor uma correlação, de algum modo positiva, com certos enunciados postos em giro pelas correntes críticas de maior atualidade. A verdade é que os jovens escritores, à exceção de uns raros que não se deixam empolgar pelo fulgor instintivo da primeira aventura literária, estão via de regra divorciados do processo intelectual em sua totalidade de problema, embora devotados muitas vezes, com comovente sinceridade, ao projeto subjetivo da criação. Somos levados, em conseqüência, a verificar que, a pretexto do que possa parecer uma fidelidade nominal ao compromisso do escritor jovem com a sua obra, corre ele o risco de sucumbir a uma nova espécie de alienação, qual seja a alienação confinadora dos gêneros literários em face da realidade maior que engloba, por igual, numa só estrutura de consciência e linguagem, as manifestações do pensamento crítico e da imaginação criadora.

Basta percorrer os depoimentos dos jovens escritores, vez por outra estampados em nossos jornais e revistas, para que se comprove essa modalidade de isolamento em que a maioria persiste, absorvida com a sorte individual de sua literatura. E alguns, não se sabe se menos tímidos ou menos atilados, chegam mesmo a confessar enfaticamente o seu descaso por qualquer tipo de pesquisa, análise ou debate ao nível da especulação crítica de formas ou, idéias. Aceitam, quando muito, o comentário ligeiro, entre judicativo e interpretativo, da obra literária, sob a alegação de que ao escritor deve interessar antes de tudo a comunicação e que toda crítica não deve ser mais do que mera intermediação entre autor e leitor. Estamos, como se depreende, diante de uma atitude que reivindica, inconscientemente, a volta aos velhos padrões da crítica impressionista, da crítica de circunstância, da crítica de amaciamento. Onde, no entanto, localizar as origens desse mal-entendido do nosso jovem escritor, as razões de uma tal idiossincrasia? Não se há de argüir aqui, como motivação, a existência de um condicionamento intelectual falho ou negativo, visto serem as gerações jovens as que mais se favoreceram entre nós com um certo rigor de formação, de informação, devido em parte à implantação dos cursos de filosofia e letras, em parte a uma sintonia maior entre a literatura brasileira e as linhas universais de uma nova mentalidade crítica e ensaística. Afastada a hipótese de um fator de despreparo do escritor novo atribuível às condições de nossa ambiência literária, talvez a causa de sua rebeldia em relação ao que ele denomina genericamente "eruditismo" provenha na verdade de uma visão distorcida de doenças da conjuntura cultural, as quais o açodamento moço é levado a confundir com o que significaria falseamento dos valores intelectuais. Na ânsia de contestar o sistema e suas mazelas, que a seus olhos assumem a configuração de um desenho perverso conquanto aparentemente "sério" do real, o jovem escritor, mais preso naturalmente às sugestões do próprio círculo em que se movem os seus interesses – o campo literário –, termina por investir contra o que lhe parece o lado "grave" da literatura, nele identificando uma das abomináveis formas de perversão advindas do sistema. É certo que a sofisticação de alguns teóricos extremamente "sérios", sempre na órbita dos esquemas e das terminologias, espanta e irrita a espontaneidade do autor moço – esta outra coisa para nós eticamente bem mais "séria" que é a jovem e inquestionável vontade de ser, a sua terna e generosa vontade de autenticidade – e daí para o equívoco, a generalização, a prevenção é só um passo.

Recusando a lição reflexiva e abrindo com isso uma insidiosa fratura entre pensamento crítico e pensamento criador, o escritor jovem faz de sua linguagem não a "faca só lâmina" da imagem cabralina, a faca que é toda aço e consciência aberta e penetrante, mas uma problemática faca de dois gumes que, ao cravar-se na carne fibrosa da realidade, reflui muitas vezes à superfície, à epiderme do texto, por ausência talvez de tensão crítica da imaginação que o forja, por inconsistência quem sabe de têmpera do discurso enunciador de sua procura da verdade. Enquanto as fontes intuitivas do talento a desabrochar abastecem com seu impulso as vias da criação, mal se percebe sob o entusiasmo deslumbrado da primeira linguagem, da linguagem em processo, as deficiências de estrutura do poeta, do ficcionista, que aflorarão com o passar dos anos, minando e perturbando o desenvolvimento natural de uma obra que muito parecia prometer. No caso, não estaremos ameaçados de assistir ao mesmo fenômeno subjetivo do escritor que fica em um ou dois livros da mocidade, porém a outra espécie de frustração – a de uma geração inteira que, não havendo se municiado a tempo, caminhará celeremente para uma literatura condenada ao esvaziamento qualitativo, não alcançando aquele objetivo de toda geração literária ou artística que é o de buscar conferir à sua linguagem a marca própria e intransferível do modo de sentir e de formar. Pois a sensibilidade, por mais viva e empenhada que seja, pode conduzir o escritor, quando não sustentada pelo vigamento da reflexão crítica, a erguer com sua obra uma visão impressionista do mundo, castrando desta maneira qualquer desejo seu de contribuir para repensá-lo, para renová-lo. Como poderá também conduzir o escritor, por falta de dimensão avaliadora de novos prospectos de invenção e criatividade (e esta observação é igualmente de outros críticos), a simplesmente repetir formas herdadas, ainda que estas se recubram da aparência de modernidade, formas no entanto moldadas pelo modo de ver e sentir de gerações anteriores e incapazes conseqüentemente de plasmar a originalidade de um modo de ver e sentir que represente a expressão autêntica da consciência de uma geração nova.

Mais bem aquinhoados que o escritor jovem de algumas décadas atrás, o poeta e o ficcionista novos de hoje não precisam recorrer sistematicamente à importação do pensamento crítico ou teórico, que aqui mesmo agora se formula ao nível do que melhor se pensa, se pesquisa e se escreve em outras partes do mundo. Por outro lado, a tradução de autores e textos básicos já se faz com um rigor que assegura a sua boa qualidade intelectual e lingüística. Com material e fontes dessa categoria à mão, que esperam, portanto, os nossos escritores mais moços para reconsiderar a sua atitude de desconfiança e equipar-se para o exercício da literatura como um ofício não mais de artesanato e instinto, mas uma atividade de lucidez e razão que, sem sufocar ou corromper a flama da emoção e da sinceridade, encaminhe o esforço criativo à desejada direção de modernidade, de novidade, de autenticidade? Percorrendo o rol de algumas coleções de ensaios editadas atualmente no Brasil, das quais pode ser tomada como padrão a coleção Debates da editora Perspectiva, o autor moço encontrará por certo o subsídio adequado para o seu embasamento crítico e teórico – informativo, através de obras que representam a informação *up-to-date* nos vários campos da ensaística especializada. Entre os títulos importantes da coleção dirigida por J. Guinsburg, que inclui a tradução de especialistas do porte de Roman Jakobson, Roland Barthes, Umberto Eco, Max Bense etc, e contribuições originais de ensaístas brasileiros, chamamos aqui a atenção dos *novos* para um livro que não só dá uma imagem da estatura que entre nós o ensaio crítico já atingiu, como também constitui uma oportuna resposta a quantos se colocam na denunciada atitude de resistência à necessidade e função da leitura crítica, da escrita reflexiva – livro que, pelo seu significado, nos suscita o presente comentário. É o volume intitulado *O Dorso do Tigre*[1], em que Benedito

---

1. B. Nunes, *O Dorso do Tigre*, São Paulo: Perspectiva, 1969. (Coleção Debates, 17)

Nunes, este nome em ascensão da linha mais avançada de nossos estudiosos da literatura, servido por uma formação filosófica incomum em nosso meio, põe em questão e analisa temas e autores de emergente interesse. A visão do escritor, alicerçada tanto nos métodos mais atualizados da abordagem crítica, quanto numa conscientização sempre clarificadora do objeto de seu *approach*, reflete simultaneamente a inquietação do espírito afeito ao discurso metafísico e o fascínio da inteligência que se abre à permanente sondagem estética do real. Leitura a um só tempo crítica e reflexiva, *O Dorso do Tigre* demarca a incursão, às vezes dialeticamente sofrida, às vezes reveladoramente poética, do pensador de ascendência heideggeriana através dos territórios criativos da palavra, no qual, com os fulcros da filosofia, ele vai desencobrindo para nós outros, críticos de formação mais estritamente literária, aqueles sinais da ontologia da obra de criação que a ótica presa à materialidade do texto não logra divisar por si mesma.

Benedito Nunes começa por questionar a própria filosofia, por argüir nela as possibilidades de sobrevivência e as justificativas de sua função após o advento do materialismo dialético. Partindo de uma síntese retrospectiva de velhos sistemas e proposições, em que o pensamento filosófico esteve quase sempre cingido à regra moral ou à atitude religiosa, como diretriz subjetiva e consolação do homem, o autor de *O Dorso do Tigre* desenvolve, numa seqüência de textos sucintos, porém de intensa luz crítica, um esboço da escalada de crise que a filosofia experimentou modernamente. Mais do que as implicações objetivas com a história e a economia que lhe adjudicaram as correntes marxistas, ocupam preferencialmente as preocupações do ensaísta aqueles filamentos de indagada essencialidade que, mesmo nesta nossa idade tecnológica, quando o primado da *praxis* se sobrepõe à *poiesis,* ainda vinculam a filosofia às suas grandes matrizes metafísicas. Não que recuse reconhecer a tarefa engajadora que hoje convoca o filósofo, a sua "missão de criticar o mundo e de recriá-lo humanizando-o" (p. 38), o papel que lhe cabe de promover através de seu raciocínio uma operação de *permanente contestação do real pelo possível*, de aplicar a sua reflexão como agente de *crítica da vida cotidiana*. Discorrendo sobre a *re-situação* da função filosófica assim proposta por Lefebvre, ele vê com esse autor, para a filosofia, a alternativa de se converter num "esforço de instrumentalizar e organizar a compreensão das circunstâncias e o seu ultrapassamento" (p. 41). Entretanto, a absorvente atração do pensamento decantador de essências de que se serve Benedito Nunes reside nas prospecções de natureza ontológica, nas perguntas que sitiam a verdade existencial e tentam desmontar o absurdo humano, como se o pensador buscasse quebrar e explicar com seu ímpeto crítico os elos heideggerianos do "circulo do ser". É com esta mesma ânsia de penetrar no cerne do substancial, de inquirir nas abismações da alma do homem as chaves de elucidação do sentido do mundo que o ensaísta evolui do terreno dos temas filosóficos para o enfoque da criação literária, trazendo a uma análise aguda e estimulante aspectos dos mais intisgadores da obra de um Guimarães Rosa, de um Fernando Pessoa, de uma Clarice Lispector. A propósito da autora de *A Paixão Segundo G H* – notadamente sobre este livro-ápice de nossa ficcionista – Benedito Nunes realiza, a nosso ver, estudo exemplar, porquanto não se limita às contumazes notações de alcance circunscrito à linguagem enquanto texto, antes se propondo a encará-la aí como formulação de uma consciência do ser, isto é, mais como um denodo de expressão multidimensional do ser do que como projeto de invenção literária, de construção verbal. Assinalando na obra de Clarice Lispector a constância, sob a feição ficcional, de temas ou problemas incluídos no âmbito da filosofia da existência, o nosso ensaísta apreende na arte clariceana uma proporção de grandeza que tem escapado a muitos de seus intérpretes. Com a acuidade de visão que lhe é peculiar, ele nos abre uma perspectiva nova para a compreensão do mundo complexo da prosadora, no qual na verdade não se movimentara personagens-criaturas, porém personagens-ideações, personagens de significado ontológico que encarnam no contexto da escritura ficcional, como nos velhos autos sacramentais, abstrações como a náusea, a angústia, o fracasso etc. Ou, na própria definição de Benedito Nunes, "personagens esquemáticos, cujos traços individuais apenas emolduram a inquietação que os consome e que se sobrepõe à identidade pessoal de cada um deles" (p. 113).

Se na ficção de Clarice a leitura crítica de Benedito Nunes divisa uma estruturação de consciência em continuada luta para exprimir-se e resolver em termos de linguagem a sua decifração libertadora, na criação de Guimarães Rosa o elemento nodal sobre qual incide a análise do ensaísta é o processo de ascese da experiência sensível, de sublimação do sentimento amoroso que vivem os seus principais personagens, processo que faz da concepção roseana do mundo uma aventura ético-erótica de configuração platônica. Aprofundando, porém, o seu aporte da "tematização do amor" na obra do escritor mineiro, o autor de *O Dorso do Tigre* vai identificá-la num plano de simbologia mais propriamente místico do que filosófico, à tradição "hermética e alquímica" (p. 145), a partir da qual a vivência amorosa representará, na ficção de Guimarães Rosa, um símile das operações mágico-químicas da sabedoria medieval. Já não se perseguirá aqui, no entanto, nenhuma fórmula ou pedra maravilhosa, mas tão-somente o amor purificado de sua materialidade carnal, a sensação física do ato erótico transubstanciada em essência de contemplação e gozo da beleza. Na saga de *Grande Sertão: Veredas,* por exemplo, o encontro do herói Riobaldo com as três mulheres de sua vida – Nhorinhá, Otacília e a afinal desencantada Diadorim – significará mais do que simples diversificação de experiências, pois através de cada uma delas ele palmilha os lances de iniciação, transição e espiritualização ao longo do périplo ascensional de *Eros.* É certo que outros críticos, dentre eles Antonio Candido, se detiveram antes na consideração do retábulo medieval da estória riobaldina, todavia pôde Benedito Nunes, com recursos e argúcia bem pessoais, acercar-se ainda mais rente da gênese místico-poética do romance, desvendando também, ao desvendar as chaves de sua estrutura de concepção, o próprio esquema lingüístico da grande prosa roseana. Porque a linguagem do escritor mineiro parece obedecer igualmente a uma forma de operação alquímica, por meio da qual as palavras, retiradas de sua ambiência denotativa – quase sempre o vocabulário do sertão – passam pelos filtros de uma sutil magia prosódico-semântica, para atingir então a mais rara, criativa e lírica transparência de significado. A exegese levada a efeito pelo ensaísta apóia-se, como se deduz, no conhecimento nada preconceituoso – e, ao contrário, sumamente enriquecedor – de teorias de fundo mágico ou ocultista, que uma crítica de alcance menos audacioso rejeitaria certamente utilizar. Entretanto, esse recurso adquire, na ótica de Benedito Nunes, uma consistência de seriedade e objetividade que só logra reforçar, em autoridade e justeza, a impostação filosófica de seu enfoque da criação literária. É assim no estudo admirável sobre o amor na obra de Guimarães Rosa e o será do mesmo modo quando se propõe, na parte imediata do livro, uma leitura como sempre nova, agora de Fernando Pessoa e seus heterônimos. Nesse poeta, em cuja individualidade criadora pesou sobremaneira "a ascendência do pensamento sobre a sensibilidade" (p. 215), o autor de *O Dorso do Tigre* vai surpreender outra vez, no transfundo de uma atitude poética marcada ora por exacerbado culto da razão, ora por deliberada idealização do real, a ressonância de uma visão alquímica do universo, a insinuação de símbolos e princípios de doutrinas ocultistas – da teosofia, do esoterismo, dos rosa-cruzes. Poeta que aspirou, através da lente multifacetada da heteronímia, a uma imagem de inteligência totalizadora, Benedito Nunes nos mostra como tal aspiração, rechaçada pelo impeditivo dialético "do erro e da verdade"

(p. 243), acabou por conduzir o poeta a conscientizar-se do inexorável "ocultamento de tudo quanto importa ao homem conhecer, da falta de sentido da existência, da supremacia do Mistério, e do vazio do próprio Mistério" (p. 242). E apontando os sinais secretos da linguagem do poeta, a agudeza e pertinácia beneditinas alcançam, afinal, desenovelar esse "novelo embrulhado pelo lado de dentro" da poesia de Pessoa e localizar em seu núcleo a iminência de "Uma metafísica sentida" (p. 260) que a adensa e reveste de excepcional inventividade.

Um livro como este de Benedito Nunes exemplifica, pelo seu nível, o quanto amadureceram a crítica e o estudo da literatura no Brasil. Conhecendo-o, estaremos nos inteirando de muitas verdades, dentre elas a de que são amplos e plenos de instigação os caminhos hoje abertos ao nosso ensaio literário e que, não obstante o brilho e sucesso dos métodos da análise estruturalista, esta tendência de última voga não esgota as sugestões de uma obra, nem invalida outros processos e técnicas de sua abordagem e interpretação. A lição do *approach* filosófico de Benedito Nunes – afirmamos sem qualquer imposição afetiva – do mesmo modo que enriquece uma literatura em demarragem como a brasileira, enriqueceria outras literaturas por mais adultas que sejam. Que os nossos poetas e ficcionistas novos, tão descrentes da necessidade e função da crítica, despertem por um instante de sua apatia e atentem para a importância de livro assim. Temos certeza de que eles descobrirão, como o ensaísta, que nesta selva de mil labirintos e surpresas chamada literatura, não basta a tentativa de domar o esquivo tigre da criação, porém que é preciso – mais do que isso – procurar iluminá-lo pela reflexão crítica, para então compreender, com olhos de inteira lucidez, as cores reais de seu dorso cambiante, o seu exato sentido e destinação.

1971

ESTRUTURALISMO E TEORIA DA LITERATURA

A área do estudo da literatura tem tido no Brasil o favor de uma renovação que nos vem mantendo em passo permanentemente acertado com as matrizes das últimas aportagens teóricas. Estamos agora em plena ascensão de prestígio dos chamados métodos estruturais e não há como recusar espaço à consideração, também em faixa brasileira, das novas técnicas de abordagem que emergem das várias formas de estruturalismo: o propriamente literário, o lingüístico, o sistêmico. Os críticos mais ciosos de sua posição historicista e receosos da ameaça que o fantasma estrutural faz pesar sobre a velha crítica, não cansam de insinuar – a pretexto de preservar valores de fundo humanístico a seu ver por ele igualmente ameaçados – que os novos métodos acabam por implicar no agenciamento da alienação e na dopagem intelectual. Esse temor e esses temerosos não chegam, todavia, a sofrear a escalada entre nós do estruturalismo, que empolgou já vitoriosamente a cátedra e mesmo as publicações especializadas.

Entre os pioneiros da aportação estruturalista, particularmente na linha straussiana, cresceu de imediato o nome de Luiz Costa Lima, ensaísta de formação insuspeita que, tendo percorrido os territórios da crítica sociológica[1] e da estilística, pôde assumir sua atual perspectiva a partir de um embasamento que mais a individualiza e consolida. Os primeiros trabalhos no âmbito estrutural, traduzindo, divulgando e fazendo frutificar aqui as coordenadas mestras do pensamento sistêmico, representariam, entretanto, para o autor de *Lira e Antilira*, etapas realmente preparatórias de reflexão e amadurecimento na direção de um projeto maior. Este viria a consistir na formulação de uma proposta de análise do discurso literário com fulcro na lição straussiana, dentro porém da desejada angulação pessoal. É o que ambiciosamente se concretiza no volume *Estruturalismo e Teoria da Literatura*[2], obra alentada, presa ao rigor da terminologia e por isso de árdua travessia, mas ao mesmo tempo obra de coragem insólita nos quadros de nossa ensaística, porquanto, não tencionando amaciar nenhum problema, tanto questiona adultamente a epistemologia tradicional, como vem abrir com audácia brechas de aguda indagação no conceituar do fato literário ou – como prefere Luiz Costa Lima – da sua estrutura de tensão. O ensaísta renuncia para isso ao antigo ritual de abordagem e, exprimindo a sua perspectiva agora de analista, apropria-se de um jargão que não é mais o da velha metalinguagem do crítico, tendendo antes para o idioma de inflexão científica do antropólogo ou do psicanalista, experimentador, ele próprio, no campo de uma nova ciência: a do *discurso literário de representação*.

Desde o ponto de partida, o que pretende Luiz Costa Lima, no encadeamento de sua tese (o trabalho teve ori-

1. Ver supra, Literatura Situada, p. 123–128.
2. Luiz Costa Lima, *Estruturalismo e Teoria da Literatura*: introdução às problemáticas estética e sistêmica, 2. ed., Petrópolis: Vozes, 1973 (Coleção Mestrado1).

ginariamente a destinação de tese), é contestar o alcance epistemológico – isto é, de conhecimento da verdade de seu próprio objeto – de uma teoria da literatura comprometida com a enfatização da estrutura *aparente* da obra literária, da sua morfologia de *escrita*. Ora, para arremeter-se assim a uma reverificação das bases sobre que se assenta todo um portentoso edifício teórico, teria o nosso autor de testar, à luz da perspectiva por ele assumida, a própria fundamentação metodológica da moderna lingüística e da sua derivada, a estilística. E teria de ir mais adiante, escavando a raiz recôndita da matéria problematizada, localizando as relações historicamente estabelecidas entre o literário e o estético.

Todo o primeiro capítulo do livro é, em conseqüência, ocupado pelo balizamento desse terreno movediço e contraditório que é o da indagação da natureza da arte, das condições específicas e fenomênicas de suas manifestações. É então admirável a higidez dialética, a segurança de enfoque com que são repassadas as diferentes colocações filosóficas do problema, visto sempre com a mesma coerência de perspectiva. A dissecação do pensamento estético, dividido entre as vertentes *logocêntrica* e *antropocêntrica*, leva afinal ao destaque da colocação kantista, com a qual se sintoniza melhor no caso a orientação sustentada por Luiz Costa Lima. "Kantismo sem sujeito transcendental" chama Paul Ricoeur ao estruturalismo. "Jogo harmonioso"/ "tensão de estrutura" e "suspensão de juízo"/"esquema lógico-inconsciente" poderiam constituir, talvez, dois pares de conceitos afins, a aproximar na espécie – por via da postulação do autor brasileiro – o pensamento kantista e o pensamento sistêmico. Isso, porém, fora do círculo rejeitado da estética, pois esta em nada resulta, para Luiz Costa Lima, senão em um "modelo consciente que reprime a penetração no horizonte do discurso" (p. 287). Pulverizado assim o velho apadrinhamento estético, tradicionalmente invocado para a avaliação do discurso literário, melhor sorte não aguardará, sob esse severo crivo questionador, o patrocínio filológico-estilístico, que estaria invalidado já na origem pela carência epistemológica. Melhor respeito da parte do ensaísta demandam, em contrapartida, as correntes da moderna lingüística, desde Saussure e o formalismo russo até a lingüística estrutural de Jakobson, e Luiz Costa Lima sabe argüir entre elas os instrumentos que o ajudarão a determinar, na estrutura do literário, os elementos de sua homologia primeira. Mas não há como ver a funcionalidade, na nova perspectiva – para a qual o produto da literatura deve ser encarado em si mesmo e não em razão do receptor, do leitor –, de categorias de molde formalista como a do *estranhamento,* que nós, por exemplo, em águas de nossa própria navegação, pudemos já surpreender na especificidade do discurso barroco[3].

"A análise literária" – propõe Luiz Costa Lima –

tem por lugar o ponto de cruzamento formado por uma atitude epistemológica, o estruturalismo e uma ciência, a psicanálise. Tal cruzamento determina uma situação antropológica. Esta, por conseguinte, não se confunde com o campo ocupado pela ciência da antropologia.

E acrescenta que, ao formular a questão de semelhante maneira, já faz figurar os limites em que quer seu ensaio (p. 217). Temos aí, portanto, a indicação do rumo metodológico através do qual o nosso autor irá repensar a teoria da literatura, de modo a liberá-la do exclusivo compromisso com as análises de tipos histórico-formalistas. Porque, antes que texto de materialidade gramatical ou lingüística, antes que linguagem impregnada de projeções contextuais, o discurso literário é – para ele – um ramo da família dos discursos de representação, ao lado dos discursos onírico (freudiano) e mítico (straussiano). E ainda que Lévi-Strauss tenha manifestado sua desconfiança "quanto às possibilidades da análise estrutural do discurso literário"; sujeito – ao ver do pensador francês – ao mesmo *peso*

---

3. Ver Antônio Vieira e o Usar bem do Jogo, *O Lúdico e as Projeções do Mundo Barroco I*, São Paulo: Perspectiva, 3. ed., 1994, p. 101-115.

do arbitrário que contamina "a história, a inspiração estética e a invenção pessoal" (p. 263-264), Luiz Costa Lima prossegue, com segura determinação teórica, na direção que sua tese preconiza. É exaustiva mas brilhante a interpretação empreendida da longa série de mitos de coleta straussiana, mostrando o nosso ensaísta não só a amarração sintagmática ou interna de cada um deles, como também o respectivo encadeamento em paradigmas que dão universalidade de significado a todo um diversificado código mítico. Daí ele retira, então, categorias que aplicará à análise do discurso literário, reforçada a seu tanto pela técnica de leitura freudiana dos sonhos. Evidentemente que uma tal análise tenderá à prevalência do *literal,* isto é, do conteúdo de sentido, sobre o *literário,* a formatividade da escrita, ou, como preferem os especialistas, tenderá à prevalência da *literalidade* sobre a *literariedade*. Não cabe aqui ao comentarista – navegador de outras águas – dizer o sim final ou o não à proposta revisora de Luiz Costa Lima e preferimos remeter a hipótese à instância dos nossos já numerosos e bem armados críticos estruturalistas, ainda que de orientação divergente. Mas podemos testemunhar, pelo conhecimento, por exemplo, de sua iluminadora análise da obra de Cornélio Pena[4], que o método induzido pelo autor de *Estruturalismo e Teoria da Literatura,* se não exaure o entendimento desse *corpus* complexo que é a criação literária, nem por isso deixa de abalar, "sob o reconhecimento da provisoriedade" de um "saber atual" (p. 469), o edifício dos que presumem a perenidade das conceituações. Afinal, já é alguma coisa fazer-nos compreender que, entre a fala (freud-straussiana) das cavernas e a fala sublimada do escritor, há apenas uma barra de separação, pois até hoje falamos um único discurso: o discurso do humano.

1973

---

4. Ficção: As Linguagens do Modernismo, em Affonso Ávila (org.), *O Modernismo*, São Paulo: Perspectiva, 1975, p. 69-86.

REALIDADE E METÁFORA
NUM DISCURSO FICCIONAL

Curral dos Crucificados[1], o novo romance de Rui Mourão, suscita-nos de imediato duas diferentes ordens de considerações, ambas, porém, de igual peso. A primeira delas prende-se ao âmbito contextual do romance, aos fatores de conjuntura, quer histórica quer intelectual, que movem aqui o ficcionista para a *fundação* de um *mundo imaginário* que tem os seus vigamentos solidamente plantados no terreno da realidade.

A fantasia mouraniana – toda ela metafórica, mas construída com materiais metafóricos que se vão elucidando na medida em que o acúmulo da ação narrativa se resolve em significados – está de muito perto conotada com uma experiência vivencial, com uma consciência do fato social

1. R. Mourão, *Curral dos Crucificados*, Belo Horizonte: Edições Tendências, 1971.

que podem ser bem as do próprio escritor ou – nele projetadas – as de sua geração, mais particularmente de sua geração literária. É nesse ponto que *Curral dos Crucificados (Curral del-Rei dos Crucificados,* poderíamos corrigir com auxílio da lição histórico-toponímica) retoma, a nosso ver, como uma de suas proposições motivadoras, o dilema geracional que o romance moderno tem abordado mais de uma vez. No caso, o que Rui Mourão redimensiona, dentro embora de tempo e perspectiva diferentes, é a mesma contingência de iniciação literária de um jovem entre um grupo de jovens numa cidade que deve ser (e é) Belo Horizonte, pretexto já tematizado anteriormente em outro livro de escritor mineiro, *O Encontro Marcado,* de Fernando Sabino. As circunstâncias, porém, que envolvem o surgimento das duas diversas gerações não poderiam repetir-se com iguais implicações sejam literárias, sejam filosóficas, pois entre uma e outra decorreu um lapso histórico de digamos quinze anos, durante o qual os fenômenos de evolução determinaram modificações não só no espaço urbano regional onde ambas as gerações despontaram, mas de maneira mais ampla na atitude crítica e no comportamento político do intelectual moço brasileiro diante da sua realidade.

Se buscarmos, com efeito, estabelecer sob tal ângulo uma analogia entre os dois romances, verificaremos que, partindo da mesma necessidade de depoimento e testemunho, seus autores encarnam e dão expressão, na verdade, a preocupações que demarcam nitidamente o distanciamento ideológico e literário que separam duas gerações. O livro de Fernando Sabino, não obstante fazer decorrer a ação ficcional num momento que parece coincidir com o fim da segunda grande guerra e suas repercussões brasileiras, nada referencia que indique qualquer maior ressonância da matéria histórica, não emite nenhuma crispação de linguagem que denuncie a pulsação participante do escritor perante uma época que cicratizava longos desesperos e reabria o grande processo humano da esperança. O mundo de Eduardo Marciano e seus companheiros circunscreve-se à experiência subjetiva, é um mundo efluvioso, às vezes de artificiosa gratuidade, onde as situações e os conflitos geram freqüentemente de um mesmo pólo aristocrático de vida, que a prosa do romancista recobre de imagens mansas, quando muito de uma ondulação de angústia que a literatura, a postura de amaneiramento *literário* dos gestos, a idealidade vagamente religiosa dos sentimentos resolvem, pacificam. Os atos se encadeiam sem ruptura da ordem burguesa que os condiciona, a contestação quando se propõe não o faz mais do que em sentido individual, nominal, sem afetar a coerência de estrutura entre concepção existencial e linguagem. O texto é limpo, direto, com as peças perfeitamente ajustadas nos devidos lugares, as impurezas carreadas pela matéria ficcional são filtradas por uma semanticidade de rendimento preciso e econômico. Como não há dilaceramento afetivo – estremecimento dramático a abrir fendas mais dolorosas ou profundas na relação vida/expressão, que constitui ali o próprio projeto criativo –, o ritmo cadencia-se de preferência pelo diálogo e não pelo fluxo da consciência. A carga emotiva é dosada, o movimento vital é contido, a introspecção psicológica pode chegar a estar impregnada de relativa tensão, porém falta à linguagem aquela força de combustão interior provinda do choque da individualidade conscientemente engajada, que se retrai em repulsa e revolta diante da realidade irredutível à sua palavra de denúncia, à sua proposta de modificação. *O Encontro Marcado* resta por isso talvez mais prosa que romance, mais ordenamento que tumulto, mais boêmia intelectual que transgressão ideológica, mas ao adotar uma arquitetura clássica (não é por acaso que o livro mereceu cedo a consagração de *texto para classe*) o autor logrou dar, na medida bem acabada do livro, a medida implícita de sua geração.

Com relação a *Curral dos Crucificados,* já não podemos falar em êxito de acabamento, em harmonia arquitetônica do livro. Jonas, por si e por sua geração, quer também anunciar uma presença, reivindicar um pedaço de chão no território da literatura, dar o recado geracional. Entretanto, é já outro o tempo que o impele, é outra a camada de onde se origina e da qual se originam seus problemas, são outras as dimensões do espaço onde decorrerá sua experiência. A juventude tranqüila, a cidade tranqüila, a literatura tranqüila foram já sufocadas pelas primeiras ondas do dilúvio histórico e a flama por que veio tangido o jovem escritor é agora um enigma cerrado, uma busca de resposta encerrada como o próprio Jonas bíblico no ventre da baleia-sociedade. Quinze anos bastaram para as mudanças no cenário, antes um retábulo urbano resguardado por repousante meia-luz provinciana, agora palco aberto, uma realidade em processo de expansão, desordenada e tumultuada pela emergência social, na qual uma nova personagem – a multidão, o povo – introduz uma linguagem diversa, a do ruído, que substitui a informação melodiosa, antes transmitida e captada quase em surdina. A entidade chamada *escritor jovem*, o intelectual adolescente, risca aqui o seu *círculo de giz* no próprio ventre da baleia – metáfora de si mesmo, de sua geração, de seu país e de seu tempo. O ser análogo de *O Encontro Marcado* desconhecia essa substância de dramaticidade, talvez se identificasse melhor, em nível de concepção do mundo, com o psicologismo lírico-boêmio do *Amanuense Belmiro*, pois nos quinze anos que igualmente se contam do romance de Cyro dos Anjos ao de Fernando Sabino o pano de fundo, não obstante as naturais transformações de superfície, pouco mudou na espessura do tecido. Dois grandes livros, sem dúvida, dois textos de apurada fatura, mas com cuja exemplaridade de prosa *Curral dos Crucificados* não pretendeu competir, romance que é de outra água, da natureza daquela segunda e densa água que um João Cabral de Melo Neto fez drenar com grandeza no mapa dicotômico de sua poesia. Porque, não sendo romance social dentro de um conceito didático, o livro de Rui Mourão sustenta, no entanto, a ambição de erguer, sem perda da qualidade formalmente criativa da linguagem ficcional, uma imagem atualizada da contradição estrutural brasileira. Ao assumir o projeto de *criar*, mas *criar* sem abrir mão de sua consciência crítica perante tanto a sua arte quanto perante a realidade que é seu pretexto criador, o romancista de *Curral dos Crucificados* dá também a medida – já agora explícita – da sua geração literária.

Outra consideração que o livro de Rui Mourão logo impõe é a do teor inventivo de sua ficção, seja enquanto linguagem, seja mais extensivamente enquanto estrutura de romance. Aqui poderíamos voltar à paradoxal analogia com o livro-padrão de Fernando Sabino, porquanto também nas diferenças da contextura formal ambos ainda se relacionam mais ostensivamente por oposição e contraste, o primeiro – *Encontro Marcado* – não se afastando muito de um modelo estático que pode ser o romance machadiano, o segundo – *Curral dos Crucificados* – se inserindo numa linha de maior dinamismo que começa com o romance modernista de 22. A linguagem torna-se, portanto, no caso, não só o divisor de águas de duas tendências ficcionais, porém de modo mais expressivo a evidência também do valo aberto em apenas quinze anos entre a concepção do mundo e da literatura de duas gerações. Se fosse lícito trazer à espécie classificações hoje generalizadas no campo da poesia, diríamos que, na sua forma de equilíbrio e comedimento, *O Encontro Marcado* se enquadraria talvez nos moldes ideológico-literários da chamada "geração de 45", em cujo instante de prestígio o livro realmente se elaborou, ao passo que *Curral dos Crucificados*, na sua forma de abertura e impulsividade, se vincularia à mentalidade de vanguarda dos últimos anos, sob influência de cujo processo romancista e romance se forjaram. É, com efeito, a linguagem assumida simultaneamente em sua instância de criatividade e na de eficácia semântica o instrumento através do qual, arrostando embora com o risco da experimentalidade, o escritor irá articular aqui os planos de construção de seu mural, onde o drama psicológico do jovem intelectual, desenvolvido em linha de relevo, o será igualmente o da sua consciência solidária dilacerada pela pungência do drama coletivo, que constitui a dimensão de fundo. Entre a história individual de Jonas, sua atormentada iniciação amorosa, seus incipientes projetos literários, sua premência de ascensão pessoal, e o fatalismo de peregrinação do retirante, sua anulação ética e social, sua indigência econômica, seu desamparo político, a linguagem estabelece como que uma soldagem de tensão expressiva, cuja gradação obedece ao ritmo bipolar em que os planos se vão conjugando até culminar na sua final sutura. Por força da operação da linguagem, as metáforas do baiano encurralado e do intelectual jovem à procura de seu caminho colidem num único significado: o de uma realidade falseada em sua aparência, falseamento que o escritor quer localizar e desencobrir, seja conscientizando-se perante essa mesma realidade, seja repropondo para sua denúncia uma expressão descompromissada com os agentes de tal falseamento.

Síntese, assim, a seu tanto bem sucedida de romance empenhado e romance criativo, *Curral dos Crucificados* põe em prática uma técnica de construção que violenta o processo de narração linear e impregna o discurso ficcional de elementos geradores de movimento, de plasticidade, de poder visualizador. É neste ponto que vamos surpreender a sua filiação à prosa do primeiro modernismo, a sua opção pelo construtivismo da linguagem, a radicação *formalista* que, encarada no seu sentido legítimo de alternativa criadora, o romancista deseja antes enfatizar que disfarçar. Não obstante a referência contextual que torna bem nítidos o vínculo denotativo do romance, a sua dependência motivadora em relação a uma determinada realidade e sua projeção histórica, ele se levanta como um espaço-tempo autônomo, artisticamente *imaginado*, onde os próprios enunciados de ligação com o espaço real, não-fictivo – a cidade que é a uma só vez paródia de sua antiga pequenez urbana e antevisão de um inevitável gigantismo metropolitano – articulam-se à revelia de qualquer tempo lógico. Esse simultaneísmo não-cronológico da coisa romanceada, aliado a um sistema de tomadas e cortes quase sempre bruscos e rentes, acaba por compor uma imagem esquemática da realidade, numa espécie de montagem elíptica de fragmentos que, estruturalmente, parece remontar ao processo do *Macunaíma* de Mário de Andrade. Paralelamente a essa estrutura de redução e compreensão, a linguagem propriamente dita tende, enquanto organização sintática e intensificação semântica, para uma forma aglutinadora em que a acumulação e precipitação das palavras, agrupadas em sintagmas participiais, adjetivais, adverbiais etc., dinamizam e acentuam a multivocidade do discurso ficcional, lembrando, pela eficácia expressiva, o processo metonímico desenvolvido por Oswald de Andrade nas *Memórias Sentimentais de João Miramar*. *Curral dos Crucificados* traz, sob este aspecto, uma lição bem útil aos jovens ficcionistas que, se insurgindo por prevenção ou desinformação contra uma tradição de criatividade fundada num modo *de formar* brasileiro – nosso e potencialmente rico, – acabam, em muitos casos, por mero mimetismo ou ilusão de sucesso, adotando paradoxalmente as fórmulas estilísticas em curso na ficção hispano-americana, vitoriosa e também criadora é verdade, mas infrutuosa como modelo de autenticidade para a vontade inventiva do nosso escritor. O livro de Rui Mourão, de substancial atualidade, reenceta portanto um caminho pouco freqüentado, porém derivado de fontes das mais audaciosas do moderno romance nacional.

Composição armada sobre andaimes metafóricos, *Curral dos Crucificados* já indica no próprio título a sua primeira grande metáfora: Belo Horizonte-Curral del-Rei-*Curral dos Crucificados*; há todo um liame histórico e semântico entre a cidade moderna, seu nome colonial e o sentido que o autor quis dar mais a seu livro do que ao simples título do romance. Curral del-Rei, reduto para contagem e redistribuição do gado que descia da Bahia para abastecer a zona de mineração. *Curral dos Crucificados*, parada forçada das levas de retirantes nordestinos, de "baianos", vindos pelos mesmos atalhos do São Francisco ou de Montes Claros, em demanda das fazendas e indústrias do sul. Encurralado pelo processo social e pela própria indigência, gado humano tangido de estação a estação de sua via crucis, o anônimo personagem de Rui Mourão vai palmilhando, lenta e inexoravelmente, a escalada da crucificação. Sua maldição está conotada com todos os erros e desajustes da engrenagem de que é apenas inócua e ignorada peça de apoio, mas sobre a qual se levanta toda a máquina da iniquidade política. É aqui, na articulação dos passos ou quadros da via crucis do "baiano", que o escritor dá inteira a sua medida criadora, a sua capacidade de apreender e recriar, pela linguagem de *close* dramático e contundência cinematográfica, a realidade que tomou como matéria referencial para a escrita romanesca. Entretanto, não fica adstrita à intenção dessa épica às avessas a metáfora mouraniana da crucificação. Encurralado em seu próprio dilaceramento, em sua consciência contraditória, também o personagem jovem intelectual vive, em dimensão psicológica, a sua experiência de ser acuado entre a necessidade de situar-se num mundo que clama por modificações e aquele apelo individualista, que o impele a alienar-se no serviço de uma ordem de coisas favorecida pela distorção social. O desenlace de tensão dostoievskiana conduz Jonas, como a outro Raskolnikov, à crucificação pela purgação ética, pelo remorso. A metáfora do jovem escritor, metáfora da geração do jovem escritor, funde-se então à metáfora da própria maldição do Ahsverus nordestino: o confinamento para o *juízo final* no mesmo *Curral dos Crucificados*. Romance sólido, sem idealizações, de peso às vezes sisifiano e asfixiante, atmosfera de cuja densidade verbal e humana saí – meio leitor, meio personagem que nele me descubro – como que de uma longa reflexão – de travo saudoso às vezes, quase sempre amargurada – sobre os anos não só de uma juventude literária que parece mais distante do que realmente está, mas também anos-preâmbulo de um pesadelo maior que se abateria sobre a geração de Jonas, imolada no ventre da baleia-história.

1971

TEXTO E EMOÇÃO SOB CONTROLE

O procedimento de construção literária de maior eficácia no novo livro de Sérgio Sant'Anna – *Notas de Manfredo Rangel, Repórter (a respeito de Kramer)*[1] – é, a nosso ver, o que podemos chamar precisamente de técnica da *emoção sob controle*, tomando, aliás, uma frase bem expressiva do próprio autor. É esse procedimento que dá ao conjunto de contos ou textos a sua unidade de clima ficcional e de tensão de linguagem, independentemente das ocasionais quebras de nível de acabamento verificadas em algumas composições. O escritor assume, diante de sua criação, não o distanciamento tão combatido do discurso de propensão meramente formalista, mas antes uma atitude de escrita que resiste, a partir de forte conscientização crítica, ao insidioso envolvimento afetivo.

1. S. Sant'Anna, *Notas de Manfredo Rangel, Repórter* (a respeito de Kramer), Rio de Janeiro: Civilização Brasileira, 1973.

A linha de concepção que predomina no livro é, portanto, a da resistência ao decantado elemento lírico-subjetivo, como também ao impressionismo mágico-realista. Se ainda não é todo coragem, se ainda não é todo amadurecimento para romper de vez com os velhos esquemas que teimam em constranger a escrita brasileira na sua vontade de modernidade, de atualidade, o escritor tem aí pelo menos a noção, já bem desenvolvida, da distância que separa o conto tradicional, amarrado aos truques de estilo, do texto ficcional novo na sua vitalidade e abertura. Porque, na verdade, o que no livro é denominado *conto* se desprende com freqüência do conceito de história curta, de lance narrativo isolado como incidência parcial dentro de um universo discursivo presumivelmente mais amplo. Estamos, ao contrário, diante quase sempre de um corte antes espacial do que temporal da realidade, delimitação de espaço que nos é sugerida tanto pela idéia do fato ficcional, quanto principalmente pela sua reificação através da linguagem.

Há, nas mais maduras composições de Sant'Anna, o dimensionamento bem sucedido do texto com o objetivo de significado não apenas verbal, porquanto, pelo vigor substantivo do enunciado, podemos apreender também, em sua concreta enunciação, a imagem tornada linguagem. Daí essas composições em destaque adquirirem uma objetividade formal que favorece e reforça a técnica da *emoção sob controle*.

É assim na consistência de *texto*, de matéria vivencial revertida à espessura de linguagem, que surpreendemos a saída criativa desse escritor novo, para quem se abre a partir de agora uma justificada expectativa de realização. E essa saída ele não a encontra por acaso ou por meio de uma deliberada pesquisa, recurso de resultados incertos e que costuma conduzir a soluções artificiais e insatisfatórias. Percebe-se uma integração bem mais natural da maneira própria de ver do escritor com os pretextos que alimentam a sua vontade de expressão, como se esta respondesse organicamente aos estímulos que lhe vêm do mundo exterior.

É a sociedade de nossos dias, com sua liturgia massiva e tecnológica, que faz vir à tona seus valores e signos, não como código imposto, mas já assimilado e reduzido a linguagem por uma sensibilidade afinal sucumbida aos condicionamentos. Não se pode falar, porém, diante dos textos em destaque de Sant'Anna, de uma escrita de desumanização, porque, se essa desumanização ocorreu em algum nível, isso se deu fora do alcance ficcional do escritor, que só fez depois situá-la e fixá-la literariamente. O máximo que ele realizou nesse sentido foi saber colocar em seu texto, com a técnica própria do escritor, a *emoção sob controle* numa devolução especular de um fenômeno inerente a uma sociedade que anula, cada vez mais, o subjetivo e coloca também toda *emoção sob controle*. Nas composições de acabamento mais apurado, esse domínio da expressão não se exerce apenas através da utilização de recursos ortodoxamente literários, pois o autor de *Manfredo Rangel* traz para a escrita recursos de outros instrumentos e formas de linguagem. Se sua matéria é ainda a palavra, a matéria verbal já se apresenta estruturalmente impregnada da materialidade tecnológica.

No último momento é o texto que suscita observações mais sugestivas a esse respeito, além de constituir um aproveitamento temático bem sucedido de assunto perante o qual nossa ficção parece manter uma certa reserva preconceituosa: o futebol. O tratamento do tema não é aí, no entanto, nada anedótico, ingênuo ou sensacionalista, como poderia ocorrer no caso de um pretexto assim de fundo popular. No enquadramento digamos psicológico da situação temos já definido o comportamento ficcional, pois o personagem, ao buscar recompor exaustivamente os lances de uma jogada fatal, procede ao sublinhamento dos detalhes sob um crivo ao mesmo tempo de tensão e atenção, ou seja, dentro da perspectiva da *emoção sob controle*. Para rememorar o andamento de toda a jogada, para tentar surpreender e compreender o seu instante de fatalidade ou fracasso, ele não recorre, como aconteceria a personagens de uma idade mais remota da ficção, ao mero recurso literário de re-presentação do passado nem tampouco à solução do *flash-back* tomada ao cinema. Seu artifício de memória e re-presentação está agora na dependência do auxílio tecnológico da televisão, que lhe oferece maior fidelidade rememorativa com o *video-tape*, o *replay*, a câmara lenta. É um artifício de objetivação imediata e visual, que documenta a uma só vez para os olhos e a imaginação o fato recorrido, dele proporcionando uma versão correta e abarcadora. Ao decidir-se pela utilização literária dessa retórica tecnológica, Sant'Anna não apenas encontra para sua escrita alternativa de maior concisão, como também obtém para o discurso ficcional uma ambivalência de dimensão que é tanto de tempo quanto de espaço. Nessa dimensão, o jogador é simultaneamente personagem/espectador/autor implícito, ele está dentro e fora do espaço-tempo do *tape*, está dentro e fora do tempo-espaço do texto, no qual a reiteração das frases e o uso do presente do indicativo reforçam e acentuam a ênfase visual. Não podemos avaliar do rendimento de tal recurso em texto mais longo, um romance por exemplo, mas aqui o resultado é nítido e modelar.

A técnica de reificação do texto, de sugestão visual, de concisão concretizante da linguagem é também exemplarmente desenvolvida em "Visita ao Museu". A intenção de humor, de crítica ao turismo de massa, à clicherização da informação cultural, não necessita ser explicitada, sua enunciação traspassa o tom sério, erudito, bem comportado do nível de linguagem com que o escritor quis velar aqui o alcance desmistificador de sua verdadeira escrita. A temperatura quase satírica do texto nasce de um processo de intensificação que se apóia, como em outras composições de Sant'Anna, na reiteração, na repetição, acrescida no caso de uma ênfase enumerativa de objetos e títulos de obras. A redundância acelera uma saturação que, ao final, explode no esvaziamento de sentido próprio do fenômeno de massificação. É ainda a sociedade de massas, com sua liturgia publicitária e tecnológica, sua idolatria de consumo, que se enuncia e ao mesmo tempo se contesta em "Composição 11". O alcance crítico da linguagem, que rompe mais uma vez a simples instância da ficção, põe em contraste duas atitudes que tanto podem ser de gosto quanto de ideologia, uma se exprimindo pela fala *underground* da decoração de um ambiente pop, a outra pela fala pequeno-burguesa da decoração de um segundo ambiente. A fala pop, que não passa na verdade da ilustração de uma capa de disco, é violentada em seu lacre plástico de marginalidade, e a mensagem *underground* é então burguesamente consumida. Em outro texto – "God save the King" – os elementos de corrosão da linguagem, já agora sob forma de um humor mais emergente, atuam com maior veemência sobre o código social, desmontando sub-repticiamente seus ritos e valores.

1973

POESIA NOVA – UMA ÉPICA DO INSTANTE

A situação atual da poesia no Brasil reflete, entre afirmações criadoras e perplexidades críticas, a mudança radical de concepção do fato poético que, nos últimos dez anos, se operou em nosso país. Essa transformação, intimamente vinculada à modificação mais abrangente das estruturas de conscientização de nosso povo, não se restringiu a um fenômeno de linguagem como parecerá à primeira vista. Suas implicações são mais profundas e traduzem, simultaneamente, uma nova atitude do poeta diante da realidade que suscita o ato criador e a adequação do seu instrumento ao imperativo das modernas técnicas de comunicação. O conceito idealista de poesia, já bastante abalado pela impostação anticonvencional do verso modernista, foi frontalmente golpeado nessa década por uma noção nada romântica do trabalho poético, noção que acabou escoimando-o de velhas e deformadoras aderências. O poeta novo, impondo-se uma responsabilidade definida perante o significado social da linguagem, impôs-se também uma liberdade absoluta de pesquisa e criação. Ao poeta que entendemos de modo específico por *novo*, não o tentou em qualquer momento uma propedêutica ingênua, uma simplória *intenção* preceptiva de aliciamento político, mas antes a busca de uma *tensão* semântica apta a fazer do texto poético uma forma de comunicação impregnada de contemporaneidade. Para atingir tal objetivo, ele repugna as regras fixas do jogo, dessacraliza as convenções peremptas de significação e inventa suas próprias soluções contra os expedientes institucionalizados.

Não há uma *ars poética* para a poesia nova e as teorias formuladas pelas diversas correntes tornam-se muitas vezes insubsistentes em face das perspectivas aleatórias da criação ou da inviabilidade de formas extremas que preconizam. Essa autonomia do poeta leva-o à postura criativa da *obra aberta*, com o que ele, não obstante homem de uma racional e planificada idade cibernética, acaba por reinserir-se numa linha de concepção tipicamente barroca. Aliás, se ao artista barroco o elemento lúdico da arte impunha-se como tentativa de fixação do *espetáculo que passa* (a expressão é de Wölfflin, *Conceitos Fundamentais da História da Arte*), isto é, como esforço de perenização de efêmero humano que era a própria visão existencial da filosofia barroca, ao poeta novo o jogo criativo também interessa como modo de apreensão e expressão de uma realidade em constante processo transformador. Dentro desse raciocínio, pode-se afirmar que a poesia nova é, por princípio, uma *épica do instante*. A linguagem do poeta novo tende, assim, a ser no Brasil uma linguagem sob permanente pressão crítica, provocada quer pela instabilidade das formas em evolução, quer principalmente pela contingência de uma problemática humana bastante aguda e imediata.

Esse outro *fazer* da coisa poética, esse diferente *modo de ver* o fenômeno poético – ou seja, o rigor objetivante do verso cabralino, a reificação da palavra na composição concreta, o intuir crítico-criativo do nacional preconizado por *Tendência* – não apenas condicionaram e definiram uma poesia *nova* no Brasil, como também vieram forçar a revisão mais ampla do conceito de linguagem no quadro geral de nossa poesia. Enquanto uma facção conservadora procurava resistir ao impacto renovador, recolocando em circulação formas e padrões que não mais correspondem às imposições de uma arte fundamente vinculada ao seu tempo, verificava-se em contrapartida, na área mais consciente dos remanescentes modernistas, uma rejuvenescedora absorção das técnicas sistematizadas pela vanguarda moça. O verso dos poetas mais significativos passa então por intenso processo de reajustamento da linguagem, através da eliminação do excesso discursivo, da atenuação da sobrecarga metafórica da palavra, da busca da precisão semântica, do reforço da síntese frásica, enfim do aproveitamento de recursos capazes de acentuar no poema o seu desejado nível inventivo ou as suas potencialidades de comunicação.

Constituindo, sem dúvida, traço singular de nossa literatura atual, essa propensão revigoradora da poesia brasileira só será, no entanto, compreendida corretamente se a encararmos a partir de uma ótica totalizante, que a abranja em todos os seus aspectos positivos, e não a partir unicamente da mera consideração de uma ou outra atitude mimética de diluição de técnicas ou formas. Este ponto de vista nós já o manifestamos mais de uma vez e se voltamos a enfatizá-lo aqui é porque queremos, na oportunidade deste depoimento, reafirmar também que, se houve nos últimos dez anos uma revolução radicalizadora na linguagem poética, ela não ocorreu à margem do processo, mas antes se inseriu na própria medula da nossa poesia. Daí não se poder dissociar ou distinguir, em termos de valoração crítica, o trabalho teórico e criativo dos poetas-pioneiros daquilo que, como conseqüência imediata, viria a ser a obra *renovada* de outros poetas. Se os primeiros atuaram ou ainda atuam numa faixa predominantemente de experimentação e de invenção de formas, foram ou são eles igualmente, através da constante liberação de novas soluções, verdadeiros co-criadores da poesia renovada, isto é, da poesia de mais amplo consumo dentro de um nível de dignidade da linguagem. Centrado a princípio nas áreas mais rigorosamente de vanguarda, o projeto que era originariamente *intensivo,* vertical, extrapolou todavia de seus núcleos iniciais, adquirindo caráter francamente *extensivo,* horizontal, ou seja, passou a abarcar número bem maior e diversificado de poetas, responsáveis por experiências individuais ou grupais, de variável teor de criatividade.

Fazendo incidir particularmente a nossa visada sobre o contexto no qual nos identificamos mais de perto como poeta e estudioso de poesia, devemos assinalar que Minas não ficou indiferente aos impulsos renovadores. Se os poetas mineiros não se alistaram de pronto numa frente de radicalização da forma, embora já estivessem pioneiramente engajados com Tendência no projeto enquanto linguagem de conscientização nacional, isso decorreu certamente da maneira muito peculiar do temperamento montanhês em absorver o *novo,* operação lenta mas extremamente objetiva do espírito na sua mecânica de seleção e construção. Foi assim na etapa de implantação do modernismo e o exemplo parece repetir-se agora, até mesmo com a participação de antigos personagens, como é o caso de Carlos Drummond de Andrade, vigorosamente renovado na *Lição de Coisas,* e Murilo Mendes, de passo acertado com a poesia nova no *Tempo Espanhol,* nos *Murilogramas* e nos surpreendentes e ainda inéditos *Exercícios.*

Em conclusão, cabe aqui uma pergunta: apesar da aparência otimista do panorama atual da poesia brasileira, não estaria o seu processo ameaçado, a curto ou a longo prazo, de uma acomodação formal ou, o que é mais grave, de uma involução caracterizada pelo retorno a uma logomaquia pseudoparticipante ou a outros esquemas de reação e alienação estéticas? Quanto à primeira parte da pergunta, acreditamos sinceramente que, não obstante quaisquer pressões ou prevenções, porventura advindas dos grupos que controlam os meios de divulgação literária, sempre haverá entre nós uma vanguarda lúcida, criticamente instrumentada para impulsionar o processo da linguagem poética. É nessa postura que se encontra, por exemplo, a revista *Invenção*, na qual é dever de honestidade reconhecer, contra as divergências de qualquer ordem, uma trincheira avançada no projeto da poesia brasileira. No que tange ao perigo de uma involução, é certo que ele realmente existe e que as novas gerações de poetas se colocam sob esse risco, atraídos que muitos jovens podem se mostrar ao aceno de certas facilidades de promoção e divulgação.

Se, por um lado, vemos grandes revistas e editoras se transformarem, a pretexto de disciplinação ideológica e ativação política, em redutos e veículos de uma poesia estética e semanticamente dessorada, assistimos, por outro lado, ao espetáculo ainda mais chocante de uma corrente neoparnasiana que, em consonância com o clima conjuntural brasileiro, procura a todo custo reagrupar-se e relançar-se. Os jovens poetas precisam, conseqüentemente, estar atentos aos perigos da mistificação estagnadora da arte, para que possam resguardar o processo de nossa poesia de todas as possíveis modalidades de dopagem.

1966

CARTA DO SOLO – POESIA REFERENCIAL

Pede-nos *Invenção* um depoimento sobre a nossa experiência de *Carta do Solo*. Embora sem a pretensão de teorizar uma súmula poética, tarefa que pressupõe a atitude didática lastreada em conceitos estratificados inconciliáveis com a poesia que se pesquisa, experimenta, inventa, procuraremos conjugar dados e observações capazes de auxiliar a inteligência do projeto e da sua execução. Estas notas informais, refugindo às generalizações da terminologia ortodoxa, objetivam apenas documentar um processo de ordem intransitiva do poeta, sem intenções preceptivas ou doutrinárias. Ao contrário, muitos dos pontos focados como basilares de nosso trabalho refletem lições de aprendizado constante, na apreensão de técnicas e na sua mais abrangente testagem crítica. Não acreditamos na poesia como dom numinoso, tampouco nos satisfaz o seu mero exercício lúdico. Reconhecemos nela produto de conscientização estética e ao mesmo tempo expressão referencial do homem e da realidade. Daí considerarmos o ato criativo decorrência de momento lúcido em que o artista articula a linguagem-síntese de seu mundo existencial. *Carta do Solo* pretende, portanto, ser poesia que se inventa e condiciona.

Situação

Depois da experiência lírico-subjetiva de três grupos de poemas – "O Açude", "Sonetos da Descoberta" e "Glosa da Primavera" –, evoluímos conscientemente para a problemática da integração da poesia no processo (com suas conotações brasileiras) histórico de nossos dias, em cuja dinâmica as novas formas se criam sob o primado da técnica e do fenômeno dialético-social. A poesia, para sobreviver à ameaça de alienação ou postergação, vê-se também no imperativo de descobrir (fundar) as suas novas formas, mas formas que lhe atribuam validade e função entre as evidências de uma civilização que repugna a gratuidade e o jogo idealista. Partindo dessa constatação, assumimos a atitude que nos levaria a união com Fábio Lucas, Rui Mourão e outros escritores mineiros na formulação da tese de Tendência. As nossas primeiras realizações no campo experimental de uma poesia de sentido participante surgiram da aferição de dados sociológicos imediatos e esses pretextos geradores, tributários do episódico ou transitório, nos conduziram ao confinamento na linha telúrica de teor temático pródiga nos remanescentes verde-amarelos ou antropofágicos de 22 ("O Boi e o Presidente", "Concílio dos Plantadores de Café", "As Viúvas de Caragoatá" e "Os Negros de Itaverava", incluídos em *Outra Poesia*). Entretanto, a reflexão crítica e o aprofundamento no estudo do problema criativo, a par da evolução dialética do pensamento estético-ideológico de *Tendência*, indicaram-nos a necessidade de se argüir à *coisa nacional* em si, determinar o comportamento e a essência do ser numa dada realidade que é a brasileira. O elemento conjuntural passou, então, a interessar-nos apenas na medida em que pudesse auxiliar essa prospecção.

Iniciamos trabalho de pesquisa e construção que correspondesse, no plano da linguagem poética, ao corolário do nacionalismo crítico de *Tendência*, isto é, à demanda da expressão culturalmente válida para uma literatura de específica autenticidade brasileira, dentro de categorias valorativas universais. *Carta do Solo* (com os painéis "Carta do Solo", "Morte em Efígie", "Bezerro de Ferro e Sinal", "Os Anciãos" e "Os Híbridos") representa etapa do andamento programático do projeto de *Tendência*.

Atitude Crítica

Carta do Solo não se isolou como experiência fechada em si mesma, insensível aos problemas suscitados pelo debate que, em torno de uma nova poesia, se travou no Brasil nos últimos anos. Tampouco traduz alheamento face ao sentido renovador que nossos principais poetas imprimiram às suas composições mais recentes ou diante da assimilação de técnicas buscadas a autores estrangeiros de vanguarda. Dentro das perspectivas do processo criativo brasileiro e como pesquisa desenvolvida no campo da moderna linguagem poética, o livro se explica criticamente na correlação com determinadas implicações. No decurso de sua elaboração ou no período que a precedeu imediatamente, reputamos decisiva para a tomada de consciência crítica do poeta a ocorrência, dentre outros, dos seguintes fatores:

a. o nacionalismo crítico de *Tendência*, através de suas fases de evolução;
b. a tese Da Função Moderna da Poesia, apresentada por João Cabral de Melo Neto ao Congresso de Escritores do IV centenário de São Paulo;
c. o aparecimento de *Duas Águas*, de João Cabral de Melo Neto;
d. *A Vida Passada a Limpo* e poemas subseqüentes de Carlos Drummond de Andrade;

e. a poesia de Cassiano Ricardo, a partir de *O Arranha-céu de Vidro*;
f. a divulgação entre nós da poesia de Ezra Pound, e. e. cummings e outros poetas estrangeiros de vanguarda;
g. *Noigandres* e a postulação teórica do concretismo.

Embora sem interferência prevalente ou influência descaracterizadora de nosso projeto – *o trabalho prospectivo na área da poesia para a fundação de uma expressão literária nacional,* idéia inerente à condicionante a. e os fatores b. a g. constituem incidências de citação compulsória no levantamento do quadro conjuntural em que se situa a experiência de *Carta do Solo.* Testadas com objetividade e atentamente meditadas, essas determinantes crítico-históricas atuaram, às vezes, como elementos de informação ou mesmo de apoio a que o poeta recorreu no encaminhamento de certas soluções. Em contrapartida, algumas conclusões que os referidos subsídios oferecem, simultânea ou isoladamente para um dado problema, deixaram de ser consideradas, ora por se conflitarem ou anularem em suas premissas, ora por resultarem insubsistentes diante da concepção para nós válida do fenômeno poético.

Projeto-Abordagem

Incompatível com o exercício aleatório, com o verso inspirado e fortuito de fruição lírico-subjetiva, a poesia referencial exige que o poeta se aplique lucidamente: 1. na opção de temas ou seleção dos estímulos captados de seu mundo existencial; 2. na planificação do poema que ele se impôs com o seu tema; 3. na consulta ao material de informação; 4. na aferição de seu instrumental de palavras e técnicas; 5. na articulação da linguagem-síntese; 6. no cálculo dos efeitos imediatos ou remotos de recursos utilizados para a comunicação; 7. no arredondamento final do poema como objeto artístico uno e acabado. Assim, cada composição de *Carta do Solo* procurou obedecer ao risco rigoroso e à execução racional, propósito cujo resultado é o poema em si, posto em circulação, que ao crítico e não mais ao poeta cabe avaliar. Para melhor inteligência do processo em cada poema, não serão, porém, supérfluas as notas que se seguem.

"Carta do Solo" – O encadeamento de unidades referenciais autônomas forma o painel ou poema. A unidade, neste caso de estrutura estrófica, é sempre uma frase poética de sentido significante completo e independente. A linha de conexão das unidades se desenvolve num espaço conjetural e a cada segmento corresponde uma tomada da realidade levantada. Daí a *carta do solo* com as suas áreas de determinantes ecológicas.

"Morte em Efígie" – A estrutura é imposição do tema: o julgamento do *bifronte*, com o sumário de culpa (I), as perorações de acusação (II) e defesa (III) e a sentença (IV) da *morte em efígie* (velha figura jurídica das *Ordenações*). A linguagem adotada objetiva criar o significado e a tensão próprios das seqüências: I. a ação solerte e subvencionada do *bifronte*, decorrida em clima de noturna subversão; II. a iteração das apóstrofes com o seu teor intencional de ironia e persuasão; III. a ênfase atributiva como recurso contraposto à precipitação da seqüência anterior; IV. impossível a identificação do *bifronte*, a sentença, gravada na própria moeda ou palavra subversiva, deve alcançá-lo universalmente, no espaço onde se situe e opere sob os seus disfarces.

"Bezerro de Ferro e Sinal" – Repete-se o processo de encadeamento de unidades autônomas, distribuídas rítmica e isomorficamente nas cinco seqüências ou fases descritas do ciclo de vida do animal: *parição, apartação, ferra, castração* e *abate*. O contraponto transfere o objeto a um segundo plano de percepção, em que é visto na perspectiva de matéria útil para desfrute do homem. O vocabulário de referência foi previamente pesquisado e testado em sua potencialidade semântica. Utilizou-se extenso material subsidiário e o trabalho de elaboração requereu cerca de dez meses, prazo superior ao tempo médio de execução de cada um dos demais poemas, estimado em seis meses.

"Os Anciãos" – O poema se desenvolve em ritmo fílmico. As palavras-imagens, articuladas em frases, unidades e seqüências, querem sugerir simultaneamente movimento, visualização e aprofundamento verbal. A figura estática do *ancião* acompanha, da sua órbita de passividade, a dinâmica de transformação de um mundo criador de novas evidências. A técnica de substantivação da linguagem procura construir uma simbólica referencial para essas realidades. Fora do contexto poemático, atua a platéia de reação – o *coro dos senadores da república*.

"Os Híbridos" – Retorna o pretexto do *bifronte* e se equacionam problemas dimensionados nas etapas anteriores de pesquisa e construção. O encadeamento das unidades autônomas aqui se integra num processo visualizador que aproveita também, em seus efeitos gráficos, o espaço concreto em que o painel se constrói. O contraponto alterna, em cada unidade, três planos distintos de percepção e estrutura, que podemos assim nomear em razão de seu sentido predominante: a. referencial (onde simula os bronzes do timbre/confunde a ciência dos peixes); b. significante (A PALAVRA/COM SUAS AUSÊNCIAS); c. conceitual (– palavra,/ sinete de insídia). Esses planos se completam rítmica e organicamente na unidade:

> Onde simula os bronzes do timbre
> A PALAVRA
> confunde a ciência dos peixes
> COM SUAS AUSÊNCIAS
> – palavra,
> sinete de insídia.

Linguagem-Construção

Carta do Solo representa a articulação de uma linguagem-síntese. A palavra – instrumento de referência e comunicação – é provada em sua capacidade detonadora de sentidos objetivantes. Concluída essa operação de testagem semântica, é ela colocada em movimento no mecanismo da linguagem, no qual desenvolve a tensão potencial que lhe é inerente. Dimensionadas e articuladas, as palavras passam a compor ordens significantes superiores, que surgem em escala hierárquica, p.ex., em "Os Anciãos": a. frase poética; b. unidade autônoma; c. seqüência; d. painel ou poema.

Na construção de *Carta do Solo* e sua linguagem-síntese, procuramos sistematizar alguns recursos:

Antidiscurso – Visando a consolidar na linguagem o seu poder de síntese e objetivação, tentamos estatuir uma sintaxe antidiscursiva, através da eliminação de elementos copulativos básicos na estrutura tradicional do discurso: relativos ou conjuntivos (que...), comparativos (como, quanto...), condicionantes (se...), adversativos (mas, porém...), modais ou conclusivos (assim, por isso...), causais (porque, porquanto...), dentre outros.

Substantivação – O processo da prevalência substantiva atua também como fator de objetivação da linguagem e simultânea neutralização do discursivo. O adjetivo só ocorre quando atribuído de função orgânica na frase poética.

Vocabulário de referência – Com a utilização de um vocabulário de referência, pesquisado nas fontes prosaico-informativas, tornou-se possível drenar a metáfora em sua pletora lírica, obter uma imagem reforçada de significado real, objetivante ("Carta do Solo" e "Bezerro de Ferro e Sinal"). Construímos paralelamente, por imposição de determinados temas, uma simbólica referencial ("Os Anciãos" e "Morte em Efígie").

Técnica de iteração – A iteração reforça a fixação do que se quis transmitir, dispensa o elemento lógico-persuasivo do discurso. Outros meios auxiliares da comunicação: o refrão interior ("Morte em Efígie" e "Bezerro de Ferro e Sinal") ou exterior ao contexto poético ("Os Anciãos"), a rima toante e, em alguns casos, consoante, a medida harmônica dos versos dentro de cada seqüência do poema, o equilíbrio rítmico das frases etc.

Complementação restritiva – Complementando restritivamente na frase poética o sujeito ou o objeto (Com seus cinco anéis/ no assomo dos chifres/ estanca a ventura/ com seus rios livres), logramos processo mais funcional na construção imagística, eliminado o comparativo *como*.

Dimensão espacial – Pretendemos não apenas o aproveitamento de um espaço concreto, em que a palavra se dimensiona visualmente no branco da página ("Os Híbridos"), mas ainda a colocação da imagem objetivante dentro de um espaço conjetura, em que gera e desenvolve a sua tensão ("Carta do Solo", "Bezerro de Ferro e Sinal" e "Os Anciãos"). Daí o uso sistemático do circunstancial *onde*. Também auxilia o processo o recurso ao verbo no presente do indicativo, forma que compreende simultaneamente ação (tempo) e situação (espaço).

Contraponto – A tensão poética se origina ao mesmo tempo em pólos diversos e se desenvolve em paralelas que se completam no mesmo corolário ou significado ("Bezerro de Ferro e Sinal"). A autonomia dos planos é quase absoluta, podendo um deles conter todo o núcleo significante do poema, como indica este plano em relevo de "Os Híbridos":

A PEDRA
COM SUAS AUSÊNCIAS

A FLOR
COM SUAS AUSÊNCIAS

O FRUTO
COM SUAS AUSÊNCIAS

O PÃO
COM SUAS AUSÊNCIAS

A MULA
COM SUAS AUSÊNCIAS

O PÁSSARO
COM SUAS AUSÊNCIAS

O HOMEM
COM SUAS AUSÊNCIAS

A PALAVRA
COM SUAS AUSÊNCIAS

OS HÍBRIDOS
COM SUAS AUSÊNCIAS

Poesia Referencial

O termo *referencial,* aqui tomado para explicar a poesia de *Carta do Solo,* não traduz o propósito de subordiná-la à tutela de qualquer imposição extra-estética, seja à política, à sociologia, ao folclore. É ela *referencial* por ser uma *criação,* uma *fundação,* uma *invenção.* E o homem só cria, funda, inventa suas evidências numa projeção da realidade, em formas de percepção que se condicionam ao seu mundo existencial. Fora desta concepção caminharíamos para a arte absurda, a poesia absurda.

Como experiência, *Carta do Solo* é uma etapa da evolução do poeta. Etapa primacialmente crítica, marcada pela pesquisa, pela aferição de técnicas, pela organização de recursos. Experiência concluída e agora convertida em suporte para novo projeto.

1961

VANGUARDAS POÉTICAS BRASILEIRAS: UM DEPOIMENTO

Em abril de 1971, promoveu o Laboratório de Estética da Universidade Federal de Minas Gerais, dirigido pelo professor Moacyr Laterza, a primeira exposição didática do seu Serviço de Documentação das Artes. No âmbito da literatura, a obra focalizada foi a do poeta Affonso Ávila. Além da exibição de amplo material visual – livros, posters-poemas, textos em xerox e projeção de slides –, foi apresentada a gravação de uma entrevista do autor do *Código Nacional de Trânsito*, com questões especialmente formuladas por Sebastião Nunes, Rui Mourão e Moacyr Laterza. É este depoimento, dos mais válidos talvez, sobre a atuação das vanguardas poéticas brasileiras dos anos de 1960, que buscamos reconstituir aqui com a colaboração do poeta[1].

1. Texto de apresentação publicado pela *Revista Vozes*, número de dezembro de 1973, em que foi reconstituída a entrevista.

Resposta ao poeta Sebastião Nunes

SN *V. foi um dos fundadores do grupo Tendência, que postulava uma poesia referencial. O Código de Minas pode ser considerado um exemplo rigoroso dos caminhos propostos então?*

AA A poesia, por sua natureza de invenção, escapa muitas vezes ao rigor das formulações teóricas que possam, porventura, preceder o trabalho de criação. *Código de Minas*, que muitos querem um livro de sátiras ou uma lição do pessimismo desenganado desse ser barroco que é o mineiro, procurou seguir – sim – a linha do rigor construtivo e da consciência criativa acesa com que se pode sintetizar, de certa maneira, o pensamento crítico de *Tendência*. Entretanto, *Carta do Solo*, escrita ao longo da vigência de atuação da revista, quis ser mais rigorosamente o produto de um momento e de uma tendência. Entre a publicação de um e outro livros, decorreram mais ou menos dez anos, tempo bastante para modificações fundamentais no modo de ver e de formar do poeta. Mas se eu tivesse de fazer agora o mesmo depoimento que fiz para a revista *Invenção* em 1961, eu reafirmaria, com reforçada razão, o caráter prevalentemente referencial de minha poesia pós-Tendência.

Seu livro O Poeta e a Consciência Crítica *traz o subtítulo: uma linha de tradição, uma atitude de vanguarda. Até onde ele reflete sua própria poesia, principalmente em face de seus estudos sobre o barroco mineiro?*

Num dos poemas do *Código de Minas* eu próprio me acuso de minha ancestralidade irremediavelmente barroca. Eu me reconheço um homem preso existencialmente à fatalidade da origem e minha poesia não poderia deixar de exprimir, mesmo enquanto linguagem e atitude radicais, o que eu no fundo carrego de dilaceramento barroco. Mas é curioso que, ao invés de os estudos sobre o barroco terem condicionado a minha última poesia, a minha pesquisa poética é que, ao contrário, me conduziu à descoberta do barroco: o livro *Resíduos Seiscentistas* surgiu do material que eu pesquisava para o *Código de Minas*...

Você esteve, durante alguns anos, ligado aos concretistas. Quais os principais pontos de contacto ou de divergência entre sua poesia e o concretismo?

Embora trocássemos nossos livros e publicações desde nossa juventude literária nos idos de 1950, eu entrei em contacto pessoal com os poetas concretos somente em 1961, no Congresso de Assis. Nasceu daí o que depois seria conhecido como diálogo Tendência-Concretismo, de importantes conseqüências. Esse encontro marcou também profundamente a minha poesia a partir de então, não obstante eu tenha prosseguido num caminho pessoal dentro de uma frente mais ampla de vanguarda, representada com a abertura pela revista *Invenção*. Nela colaborei ao lado dos irmãos Campos e de Décio Pignatari, aos quais estou ligado não só por atuarmos numa área identificada por muitos interesses criativos comuns, mas, sobretudo por uma aproximação afetiva que os anos só têm consolidado.

À primeira vista, parece estranho que, enquanto nos Estados Unidos se desenvolvia a poesia beat, *no Brasil a preocupação fosse o rigor formal do concretismo, de* Tendência, *de Práxis. Como se explica essa aparente contradição?*

A verdade é que a nossa poesia avançou, criativa e inventivamente, muitos furos além da poesia de outros países, alguns material e culturalmente mais bem equipados. Enquanto, por exemplo, a Espanha e os países hispano-americanos sublimavam ainda a velha linguagem metafórica do surrealismo e os *beat* norte-americanos repetiam, um século depois, a peregrinagem *hippie* de Walt Whitman, nós produzíamos um João Cabral de Melo Neto e a poesia concreta e ainda dávamos de lambuja outras novidades de criação ou redução inventiva nossas. E o caso da "poesia de exportação" não é só *slogan* neo-oswaldiano não. O interesse pela poesia brasileira – poesia concreta, poesia de vanguarda, poesia moderna – é um fato que a gente pode constatar amplamente em publicações ou estudos especializados da Inglaterra, da França, dos Estados Unidos, do Japão. Quanto ao rigor formal de nossa poesia dos anos de 1960, eu preferiria falar em potencialidade de invenção, porquanto o que realmente veio ocorrer entre nós depois da Semana de 22, na linha verdadeiramente representativa de nossa criatividade poética, foi a expansão de uma crescente consciência de vigor formal e não, como queriam os porta-vozes da chamada geração de 45, a busca de uma aparnasiadora disciplinação formal. Será que faltaram modernamente a outros povos esse nosso vigor, essa nossa potencialidade de invenção?

Resposta ao Escritor Rui Mourão

RM *Acredita que a sua geração, agora atingindo a maturidade, contribuiu de maneira relevante para a renovação cultural brasileira?*

AA Não seremos nós mesmos os mais habilitados para um balanço crítico de nossa atuação individual ou da atuação mais ampla de um grupo ou geração com os quais estamos identificados pela atitude intelectual ou pelo rótulo histórico. Mas, formulada a pergunta, penso poder responder afirmativamente. O que eu entendo por minha, por "nossa" geração (pois a pergunta parte exatamente de um de meus companheiros), que me parece ter trazido à cultura brasileira uma contribuição não só renovadora das formas artísticas, como também repensadora dos conceitos e posições quer estéticos, quer ideológicos. Tudo o que hoje é válido entre nós como expressão de autenticidade traz um pouco da marca de linguagem, da força modificadora, até mesmo do sacrifício dos moços que começaram a escrever e a criar por volta de 1950. Diante de sua literatura nova, de seu teatro e seu cinema novos, da música e das artes plásticas novas, acredito que se possa falar francamente de uma atitude cultural nova, raiz de uma cultura viva e contestadora – uma anticultura, se assim querem –, que começa a tomar corpo com as gerações que vêm sucedendo a nossa. Não fosse talvez esse pouco ou muito que demos de nós mesmos – contribuição com seu processo ainda em aberto – e a pobre paisagem cultural brasileira de hoje não passasse de um campo desolador, tomado pela vegetação rasteira e repetitiva.

Resposta ao Professor de Estética, Moacyr Laterza

ML *Queria sua ajuda e seu testemunho com relação ao seguinte ponto, que me parece evidente para todos os que têm tido a honra de freqüentar sua obra: existe uma luta dialética entre as referências plásticas e visuais da* imagerie *que instrui suas afirmações poéticas. Por exemplo, o "solo" com o qual você "carteia", ou melhor, "dialoga" é coisa de se ver e coisa de se "tocar", quando não pela sua sensibilidade em postura ao mesmo tempo ativa e receptiva. Em larga medida, essa ambivalência de suas imagens há de ser inconsciente e, talvez, apenas um fato "crepuscular" de sua consciência. Agora: provocado por essas observações, como você reage? Concordando? Discordando? No primeiro caso, a posteriori, advertido pela minha observação, poderia documentar para nós, através de um de seus poemas, tanto o caráter visual de sua fala poética, como o aspecto plástico, como também – e principalmente – aquilo que denominei a luta dialética entre o plástico e o visual?*

AA A questão proposta se inscreve simultaneamente, pela sua complexidade, nas áreas de problemas próprios da estética (mais exatamente da poética) e também da lingüística. Porque, em princípio, a palavra assume, na linguagem da poesia, dois níveis diversos de peso e valor. Em primeiro lugar, ela constitui o elemento de formatividade a ser utilizado pelo criador – o poeta – na sua criação, representando o seu peso de matéria mensurável, peso equivalente ao da cor, da linha, do volume, do espaço na arte do criador plástico. Em segundo lugar, ela se constitui num valor de expressão e de comunicação, quando, articulada a outras palavras, forma um discurso de informação, no caso em que Max Bense chama de informação estética. Entretanto, dentro do conceito clássico de poesia, o que caracteriza a peculiaridade da sua linguagem é precisamente a fusão desse peso e desse valor, a integração de dois níveis em que ela se formula e se totaliza para lograr o seu acabamento final de objeto de vigência artística.

Nesse processo da linguagem digamos discursiva da poesia, o que se poderia chamar referência plástica (ou táctil) vincula-se, originariamente, à esfera da conotação, da imagem, da metáfora, esfera portanto de especificidade mais estética do que lingüística. Já a referência visual (ou concreta) decorre antes na esfera da denotação, da objetividade semântica, esfera portanto de especificidade mais lingüística do que estética. É justamente na espécie de alquimia desses contrários, na espécie de operação tácita de sua fusão que nasce – no sentido jakobsoniano – a linguagem poética, de contextura ao mesmo tempo semântica e estética.

Mas houve momentos em que a linguagem poética se dispôs a romper o equilíbrio dicotômico, a quebrar esse acordo de contrários. Isso se deu, por exemplo, no barroco, quando a poesia acompanhou o fenômeno comum a toda a arte do tempo, que procurava a sua autonomia, a sua contraposição – como entidade estética absoluta – aos padrões de maior dependência realista da arte do renascimento. Alguns poetas, como Gôngora e Marino, tenderam para a enfatização do elemento plástico da linguagem, criando a *metáfora pura*, numa verdadeira codificação de uma nova língua poética. Outros, como o metafísico inglês George Herbert ou o remoto antepassado de Appolinaire que foi o francês Jehan Grisel com sua espécie de caligrama, chegaram ao contrário a enfatizar muitas vezes o elemento visual, estatuindo como valor novo na estrutura do poema a própria graficidade de letras, palavras ou composições inteiras.

Hoje, depois de experiências semelhantes das vanguardas que se seguiram a Mallarmé, coloca-se novamente, mas sob outro prisma, a questão do plástico e do visual na poesia. A noção do visual adquiriu sentido bem mais rígido, evoluindo do antigo domínio lingüístico de referência visual para o domínio da concreção gráfico-visual da palavra, ou seja, o da sua estruturação no espaço em branco da página. A partir do advento da poesia concreta, o visual passou a exigir, por isso, nova conceituação na terminologia crítica. Por sua vez, a noção do plástico (ou táctil) também experimentou idêntica evolução, caminhando mais recentemente, com os chamados neoconcretos ou a corrente do poema-processo, para uma conceituação bem próxima da que sempre teve para as artes propriamente plásticas, isto é, passou a significar mais um elemento material da composição do que um elemento de conotação ao nível da linguagem escrita, como era para a velha poética.

Não sei se me fiz entender com clareza, mas é dentro do quadro de atualidade dos conceitos do plástico e do visual que prefiro ver a "luta dialética" desses elementos em minha poesia. Talvez em *Carta do Solo*, livro de transição, o problema ainda se coloque nos termos em que me é proposto. Nesse caso, eu admitiria a "ambivalência" constatada, mas a explicaria como decorrência natural da tentativa de obter uma poesia objetivante, uma imagem de síntese em que a palavra não apenas conote a idéia da coisa, como também torne o quanto possível palpável e visível essa coisa. Eu admitiria mesmo a existência de um conflito dos dois elementos – o plástico e o visual –, porém um conflito próprio de uma linguagem poética em evolução, conflito que começaria a resolver-se, num sentido de maior concreção da palavra, no poema "Os Híbridos", dessa mesma *Carta do Solo*.

1971

CULMINÂNCIA E AMOR CORTÊS

"Chegado é o tempo", tempo de apurada, acurada sabedoria, tempo de soma e culminância. Tempo da proporção áurea, aquele toque de equilíbrio final de linhas, de curvas e da diagonalidade expressionista que o arquiteto exímio pautou e a que deu o movimento sublime no frontispício da criação superior, no lance ao mesmo talho contido e comovido da portada. Não recuarei ao símile de imagem convencional do burilador *fin-de-siècle*, do joalheiro folheador da chave de ouro do parnaso, do êxtase miralunar do nefelibata excitado ao sabor do símbolo raro e dos álcoois e absinto.

Sabem do arquiteto a quem aludo, sabem do poeta que ao barroco especular saúdo, instantes e instâncias, cada qual na medida peculiar e chancelar que o impulso instigador de fascínios do fazer lhes concedeu, instantes e instâncias com que aprendi e apreendi relações de convivência e conivência de arte extrema, de poesia estreme. Recuarei, sim, ao entreabrir ambos a sua florescência de invenção, o suíno criador da avalanche vindoura de beleza na sua juvenil estátua-fonte de Eros, o êmulo infanção no aprendizado de outra plástica que a pedra – a mais dúctil da palavra – "copas e marfins renhidos", ambos ao seu talante de tálamo e transes, vórtices e vertigens tácteis e óticos, errâncias do preâmbulo erótico, ah ambos, ah jovens que foram, jovens que fomos. Para o poeta, "chegado" era "o tempo", mas premonição de quem seria, de quem viria a ser, do amor sedutor ao amor sênior, do estio ao estelar, pois, enquanto seu suprasímile, "no mais alto degrau da arte de meu país" (Oswald *dixit*), subia e se cristalizava em Cristos de paixão, o poeta tenaz e terreno se cristalizaria, aos meus olhos amestrados de idade diante do que é "sim" e do que é "não", se cristalizaria nesta culminância de *Crisantempo*.

Poderão achar, os que lêem, que exagero por cumplicidade, afinidade e afetividade nesse, ao ver talvez deles, paralelo pretensioso, mas advirto, no meu vezo meio setorizado da hipérbole cultista, que não falo em pratos e pesos de balança judiciosos, porém em conceito de teor de competência, conceito aproximador do que é "sim" em qualquer distância ou esfera. Um se insulou e genializou como seu próprio e íntimo paradigma, meu poeta aqui assinalado abriu brechas de ares e mares, de extroversões de língua e interversões de línguas, se auto-escreveu e reescreveu outros. Ainda assim, longe de mim qualquer abuso em atribuir cúmulos de universalidade ao que é talentosa verticalidade de prospecção, em incorrer num desfavor ingênuo do que é universalidade por genialidade de introspecção. O poeta em close e foco é Haroldo de Campos – revela-se à luz meridiana –, e ele, lúcido e propedêutico, conhece e entende com superioridade de aferição que a mesma aproximação fiz ou faria, à hora certa e lugar certo, com precedência e procedência, em recorrências ao patriarca de todos nós, Gregório, aos fundantes da contemporaneidade, Drummond, Murilo, Cabral, perfilados de inteireza dentro de igual rigor ao mesmo que diviso na poesia haroldiana da soleira quase meio secular do *Auto do Possesso* à proporção áurea culminante neste *Crisantempo*.

Crisantempo[1] é livro ecumênico em seu porte paradoxalmente conciso de amplitudes, livro de intercorrentes fusos poéticos, livro capaz de fundir e confundir parabólicas e satélites, desorientador de observatórios meteorológicos. Sua previsão de tempo – ritmo, cadência, pêndulo de entropias convergentes súbito perturbadas pelas interferências do ruído, pois o humano, o húmus do homem, a presentidade –, o tumulto do sangue quente da rua e dos divisores de rumo, a insubordinação do sentimento à injustiça – "o anjo esquerdo da história" –, quebrando a justeza ática inerente ao verso haroldiano, são fenômenos, no caso semanticamente incontroláveis, de um *el nino* desarticulador de climas temperados e lavouras planejadas.

O poeta cresceu em vulto, se expandiu como Ulisses a seu mundo, querendo retornar da sua Tróia concreta, vencida da rebeldia e da revolução, mas interceptado sempre em seu mapa antropofágico de império criativo pelas seqüências de circes e ilhas atraentes de magia desafiadora de outras famílias e tribos de línguas, ignotas seduções a que ao final seis vezes dez anos, o leva ao não se acomodar ao aconchego da *parole* uterina e a partir de novo, para o imprevisto dos mais ásperos sons e sentidos, o *Finismundo* da poesia e de si mesmo.

Finismundo, este poema, extenso de vôo e reflexão, será relido agora no painel consolidador de incursões que é *Crisantempo*, a corrente ao largo sem "terra à vista" do navegador por fatalidade e volúpia, o único poeta brasileiro de inquietação ubíqua e polissêmica de meus dias, mais que Murilo; fundeado nos arcanos da Itália, ou Cabral, dividido entre a matriz do solo pernambucano e o corpo sensual de Sevilha. Do Ocidente ancestral, porém multirreferente de similitudes e diferenças, entrelaçando festões apolíneo-bar-

---

1. Haroldo de Campos, *Crisantempo*, São Paulo: Perspectiva, 1998.

rocos que remetem aos canais irrigadores das "greguerias" e dos "latinórios", passando depois pelos interregnos florentino-weimarianos de Dante e Goethe e dos reformuladores da modernidade e vanguarda, até o Oriente; entre o próximo e a sua extremidade, de Israel ao Japão.

Ecumênico, disse atrás, porquanto funde mitos e teologias, poemários de arte e artifícios de poesia, não só o transcriador que se comprova erudito em seu cartão de visita incômodo aos seminários acadêmicos, mas o grã pensante que, em entrevista não me lembra qual e onde, confessou que, para ele, poesia se transformava cada dia mais em filosofia e esta – mostra bem *Crisantempo* – cada vez mais em poesia: assim o dizem em percuciência e linguagem as escaladas poéticas no reduto metafísico de São Tomás de Aquino e Hegel. Acronia que se reverte em sincronia, o concreto do ortodoxo que mantém ereto na heterodoxia do real concreto, saltos de passagem de anos e pulmões abertos ao pleno, mais Maiakóvski hoje que Mallarmé ontem, poesia que galgou a altitude das mais dignas em mestria e lição para os que sucedem à teimosia poética e – de vanguarda ainda, sim – de nossa geração. Comparsa ou parceiro, o autor de *Crisantempo* bate generoso a aldabra de certo "solar de poesia" e move de uma alegria solidária certos *partisans* que se entrincheiram juntos a ele e se esgueiram, entre o arame farpado da mediania e a estaca do discurso evasiva, solidários – repito – no encalço do tom e dom maior da palavra, que se sabe luzir ao rijo de seu diamante.

Flor, crisântemo, ao madurar de Cronos, o novo livro de Haroldo me faz retroceder, como acenei ao início deste texto meio de registro, meio de louvor, ao poeta preambular dos vinte anos, em bodas com a epifania do encontro amoroso e ao embate vestibulário com a poesia no livro de aurora do verbo assumido – *Auto do Possesso* –, recebido com estímulos de augúrio pelo Sérgio Buarque de Hollanda então crítico mais que historiador no memorável *Diário Carioca*. Neste retrovisor que capta aqui a arrancada em primeira de quem seria um dos pilotos da Fórmula 1 da poética da erudição, do pensamento e criação de nossa merencória e no entanto sempre vital literatura de Terceiro Mundo, eu rediviso um lado pouco focalizado da obra de Haroldo de Campos.

Quero colocar ao vídeo e amostragem o lirismo implícito que escapa aos que, infectados de preconceitos que não se pacificam nem com a vitória insofismável de uma revolução a seu instante radical, mas redimensionadora de horizontes, insistem na impertinência, como a dos reacionários à Semana de 22, de uma réplica de mediania ou ressentimento, em atirar pedras que sobre si mesmos ricocheteiam, em cuspir para cima no infalível ridículo do cair na própria cara ou, se preferem, do ver cair a cara diante da poesia de competência. O mais sensível dos concretos ou o mais concreto dos sensíveis é também o lírico no preciso domínio da lira retensa e afinada de agilidade da dicção, como na corda escandida e pontuada de ressonância de seu parceiro Marsicano, quando, neste *Crisantempo* de suspenses e surpresas, compõe a sua "Carmina", mais que *Carmina Burana*. Um crisântemo de sons e aromas plurilíngües para Carmen, a companheira, uma Beatriz que não se utilizou no eflúvio da idealidade e caminhou e caminha, cativa e cativante, mão na mão, olhos nos olhos, no longo percurso de ascensão e também de provações do poeta, amiga de amar, completude do ser.

A série de poemas que o lirismo haroldiano, a par de outras semeaduras e irrigações emotivas que permeiam o livro, reúne na "Carmina" só confere estatura a uma poética que se apurou e culmina de pessoalidade e singularidade numa história de poesia como a brasileira, na qual raras vozes não se pluralizam e banalizam em redundâncias. Carme, poema, canto, diz a definição dicionarizada, e Haroldo substantiva essa semântica em mulher, coroamento do livro em cinco peças, que, na abertura visual, se iluminam de uma portada que sugere entrebeleza grega de Afrodite e entre-sorriso de Mona Lisa, conotando em rosto emblemático foto de Alberto de Lacerda e pintura primaz de Da Vinci. Marília, Glaura, Constança: a musas icônico-tropicais do ementário lírico brasileiro, a musas que tais se irmanam agora, nesse patamar afetivo do poeta, a musa-tema de Haroldo. E, como priorizar, nesse torneio cardeal e cordial de amor cortês do cavaleiro de uma ordem hoje quase perempta de cavalaria amorosa, o poema-espelho em que a dama eleita se contemple e deixe contemplar neste nosso propósito de homenagear, também nós, seus leitores e amigos, a homenageada de Haroldo?

Citação celebrativa ao fim do elogio ainda que breve e informal do livro de culminância do poeta; livro ao mesmo tempo de excelência de perícia de criação gráfica profissional, mas notadamente afetuosa de J. Guinsburg. Fico, em inclinação de gosto e escolha, na versão do louvor em provençal, marco em idioma do amor cortês: "D'amor", à provençal, belo de intenção e realização. Poeta das *Galáxias*, também em *Crisantempo*, redivivo em juvenília "decifraste a sigla das estrelas".

D'amor

Carmen é mbía
　　Señor
(proençal)
Trobando sou seu
　　servidor
não cuido be mi nen b'al
bela só　　be nulba ren

Carmen é mbía　　Señor
(proençal)
E Amor não precisa nen
de penhor gran razón loor
querer ben é seu sinal

Quero cantar este Amor
(meu señal)
que be Balícia há sabor
e l'olors de proençal

Nem Demo nem Deus por en
poden mais do que este Amor
(proençal)
que não tem mesura ou sen
e se põe sobre ben e mal

Carmen é mbia
    Señor
não cuido de mí nem d'al
E Amor não pede loor
pretz gran razón penhor
mas sinal
sina d'Amor meu señal

E porque o al não é ren
senon o bem que lhe quero eu
saber que é sabor me ven

Sabor que é saber de quen
de seu ben sabe e da flor
cantar maior que toda ren
por gran maestria d'Amor
d'Amor d'Amor d'Amor de quen
(proençal) sobr'ama alguen
    mais do que al

Carmen é mbia
    Señor
   (meu señal)
Trobando sou servidor
   dela só
Haroldo Urnaut

APÊNDICE

SEMANA NACIONAL DE POESIA
DE VANGUARDA

UM PROCESSO REVOLUCIONÁRIO DE COMUNICAÇÃO DA POESIA[1]

No cumprimento de seu programa de extensão cultural, a reitoria da Universidade de Minas Gerais faz realizar, sob seus auspícios, a Semana Nacional de Poesia de Vanguarda. Esta promoção não se justifica apenas pela importância que a poesia assumiu ao longo do processo de evolução das artes, como manifestação das mais altas da sensibilidade e inteligência do homem e do espírito criador dos povos. Ela se reveste também de significado como iniciativa que visa a reaproximar do poeta o seu público potencial, colocado sob o crescente risco de alienar-se face à verdadeira criação estética, pressionado que se encontra pela indústria do entretenimento fácil. A poesia aqui chamada de *vanguarda* é, com efeito, aquela que busca, na revolução das formas e da linguagem, sintonizar-se com a técnica de nosso tempo e utilizar os recursos que lhe são oferecidos

---

1. Do prospecto-programa da Semana Nacional de Poesia de Vanguarda, Belo Horizonte: ago., 1963.

para uma expressão e uma comunicação mais racionais. É bem a poesia que, sem abdicar de seu caráter inventivo, quer encontrar uma função, assegurar-se um consumo.

Ao proporcionar ao público de Belo Horizonte este reencontro com a poesia, através de suas formas mais novas e vivas, a reitoria da Universidade de Minas Gerais procurou acompanhá-lo da adequada informação teórica, organizando um ciclo de palestras sobre a poética de vanguarda, durante o qual se farão ouvir categorizados representantes da jovem e mais atualizada crítica brasileira. A cada palestra deverão seguir-se debates, dos quais participarão os escritores presentes e os demais interessados.

A mostra de poemas-cartazes coloca o público mineiro frente a um processo revolucionário de comunicação da poesia, em que o elemento visual desempenha papel preponderante. A poesia aqui já não se comporta em suas dimensões tradicionais. Numa época de prevalência da técnica de visualização e, portanto, favorável à disseminação de novos veículos de divulgação da arte, a poesia adquire um outro plano comunicativo e já não se restringe ao consumo na fruição auditiva e na leitura em recolhimento. É a poesia não só para os livros, mas para os cartazes, os murais, a televisão, a poesia que deseja responder às solicitações de uma civilização coletivista. Difícil à primeira vista, ela busca, porém, favorecer a apreensão imediata, total. Seu método não quer ser outro senão o método global já de uso corrente na iniciação do aprendizado da língua.

A exposição reúne trabalhos de diferentes grupos e manifestações de vanguarda e pretende com isso apresentar um caráter mais amplo, mais abrangentemente nacional e informativo. Embora sob a égide principal do grupo pioneiro de poesia concreta de São Paulo, hoje aglutinado em torno da revista *Invenção,* e dos integrantes do movimento mineiro do nacionalismo crítico de *Tendência,* a mostra recebe na verdade a contribuição de poetas jovens ou de gerações mais velhas, nascidos ou radicados em várias partes do país. Mas o público irá certamente encontrar, na aparente diversidade de concepção do fenômeno poético e de seus aspectos formais, uma direção única no sentido da pesquisa e criação de uma linguagem *nova* e de autenticidade brasileira para a nossa poesia, bem como a preocupação comum de atribuir-lhe função participante no contexto de realidade nacional.

COMUNICADO E CONCLUSÕES:

1. Consciência de Forma

São imprescindíveis o empenho e a consciência da criação de novas formas e processos para o desenvolvimento e o avanço da poesia brasileira, que, ora e aqui, se reafirma e consolida como vanguarda participante. Esta poesia tem função crítico-criativa, em âmbito nacional e internacional.

2. Comunicação e Participação

A primeira fonte da comunicação se situa na própria linguagem, tal como ela se materializa no poema, objetivamente; a outra fonte são os meios de divulgação, nos seus variadíssimos canais e no volume do seu uso efetivo. Pelo modo de utilização da linguagem, mais e menos complexo, mais e menos simples, a comunicação é dirigida para diversos níveis ou faixas de público: tanto para o nível de interesse dos criadores-produtores, como para o nível dos comandos úteis e acionantes, que estimulam camadas mais amplas do povo no sentido de torná-las cada vez mais conscientes da necessidade de sua participação emancipadora, social e política. A luta pelos meios de divulgação, em conseqüência, é paralela, em sentido e força, à luta pela clarificação e eficácia da linguagem, tanto no plano estético como no plano da comunicação.

3. Função Prática

Os contactos constantes e a atuação de cada um, individualmente ou em equipe, no confronto com a realidade nacional, devem visar ao cumprimento de encargos sociais definidos, mediante a criação de novos métodos e meios de aplicação do texto – falado, musicado, escrito ou visualizado – além da intensificação do emprego dos já existentes (jornais, revistas, livros, cartazes, conferências, debates, gravações, rádio, televisão, cinema, teatro).

4. Opção

A responsabilidade do poeta perante a sua época e, mais particularmente, perante a sociedade de que faz parte, não deve permitir-lhe o uso da linguagem para encobrir a realidade, aceitando e consagrando, como fixos e definitivos, padrões, formas e temas, que se limita a repetir. Mas exige que a utilize para desencobrir e revelar, assumindo a linguagem como uma instância valorativa, estética e eticamente significativa. Então, e só então, o que o poeta diz adquire relevância como parte do processo de descoberta, de reformulação da realidade, induzindo o leitor a tomar consciência de si mesmo e de sua existência social alienada. Nesse sentido é que, de fato, o poeta de vanguarda joga com as palavras. Mas se trata de um "jogo extremamente sério", no qual, por haver depurado "as palavras da tribo", poderá servir-se delas ativamente, fazendo do poema a expressão de um compromisso participante. Esta re-situação do poeta perante a linguagem não pode ser concebida em abstrato, mas a partir de um engajamento com a sua realidade específica, isto é, com a realidade nacional que se configura num determinado momento e em cuja superação está ele empenhado. A contribuição do poeta para a transformação da realidade nacional tem de basear-se no modo de ser específico da poesia como ato criador.

Belo Horizonte, 19 de agosto de 1963.

Ass.:
Roberto Pontual
Décio Pignatari
Augusto de Campos
Benedito Nunes
Haroldo de Campos
Affonso Ávila
Luiz Costa Lima
Laís Corrêa de Araújo
Affonso Romano de Sant'Anna
Frederico Morais
Pedro Xisto
Paulo Leminski
Márcio Sampaio
Olívio Tavares de Araújo
Henri Corrêa de Araújo
Ubirasçu Carneiro da Cunha
Haroldo Santiago
Luiz Adolfo Pinheiro
Fábio Lucas
Libério Neves
Célio César Paduani.

ÍNDICE REMISSIVO

Aires, Matias – 30
Alcalá y Herrera, Alonso de – 25
Alencar, José de – 76
Almeida, Guilherme de – 73
Almeida, Paulo Mendes de – 60n
Alonso, Damaso – 32n
Alphonsus, João – 73, 77n, 80n
Altmann, Eliston – 15
Alvarenga, Silva – 37-39, 41, 42, 44, 45, 110
Alves, Castro – 83
Amado, Jorge – 128
Amaral, Aracy – 60-65, 71, 72n
Amaral, Tarsila do – 71, 72
Andrade, Carlos Drummond de – 31n, 70, 122, 170, 175
Andrade, Mário de – 30, 57, 59, 61, 63, 71-73, 76, 78-80, 85-87, 98, 159
Andrade, Oswald de – 30, 59, 64n, 65, 71, 72, 74, 77-79, 83, 85, 98, 112, 122, 132, 159, 186, 192

Anjos, Cyro dos – 156
Appolinaire – 189
Araripe Júnior – 49, 50n
Araújo, Henri Corrêa de – 205
Araújo, Laís Corrêa de – 56n, 205
Araújo, Olívio Tavares de – 205
Arinos, Afonso – 76
Assis, Machado de – 77
Ávila, Affonso – 20n, 24n, 132n, 151n, 183, 205

Bandeira, Manuel – 73, 77, 122, 127
Barbosa, Rui – 50n, 110
Barthes, Roland – 56, 86, 100, 137, 141
Baudelaire, Charles – 52, 109
Bedate, Pilar Gómez – 15, 132n
Bense, Max – 118n, 141, 188
Bocaiúva, Quintino – 110
Bonifácio, José – 110
Boulez, Pierre – 22n
Brasil, Assis – 131

209

Brito, Mário da Silva – 59, 60
Butor, Michel – 33, 55, 56n

Cabral. *Ver* Melo Neto, João Cabral de
Caminha, Pero Vaz – 35, 36
Camões – 108
Campos, Augusto de – 47, 51, 52n, 53, 55-58, 85n, 111n, 133n, 205
Campos, Haroldo de – 16, 20n, 22n, 31, 47, 51, 52n, 53, 55-58, 85n, 87n, 111n, 125, 133n, 192, 193n, 194-196, 205
Candido, Antonio – 10-12, 99, 145
Canedo, Gregoriano – 76
Carvalho, Orlando M. de – 16
Carvalho, Ronald de – 73
Castello, José Aderaldo – 49
Cendrars, Blaise – 71
Cervantes – 30
César, Guilhermino – 70
Costa, Cláudio Manoel da – 31, 37, 40, 41n, 42, 43n, 44, 110
Crespo, Ángel – 15, 132n
Croce, Benedetto – 26
cummings, e. e. – 176
Cunha, Euclides da – 76
Cunha, Ubirasçu Carneiro da – 205

Daniel, Arnaut – 109
Dante – 109, 194
diálogo Tendência-Concretismo – 13, 114, 134, 185
Dias, Fernando Correia – 69, 72n, 73, 78, 80
Dias, Gonçalves – 76
Di cavalcanti – 62, 65
Dornas Flho, João – 79n, 80
Dostoiévski – 160
Drummond. *Ver* Andrade, Carlos Drummond de
Drummond, Magalhães – 76
Durão, Santa Rita – 36-38, 40, 44, 76

Eco, Umberto – 22, 141
Einstein – 107

Estevam, Carlos – 125

Faulkner, William – 55, 82
Ferran, André – 52n
Freud – 150, 151
Freyre, Gilberto – 83

Gama, Basílio da – 36, 44, 110
Góngora – 27, 32, 109, 188
Gonzaga, Tomás Antônio – 38, 42, 44, 45
Grisel, Jehan – 189
Guimaraens, Alphonsus de – 53
Guimarães, Bernardo – 85
Guinsburg, Jacó – 16, 141, 196

Heidegger – 142
Herbert, George – 189
Holanda, Sérgio Buarque de – 35
Howard, C. Leon – 55n
Huizinga, Johan – 26
Husserl – 101

Invenção – 12, 13, 15, 119n, 124, 125, 132n, 171, 173, 184, 185, 203

Jakobson, Roman – 141, 150, 188
Joyce, James – 27, 82, 109

Kant – 149
Kilkerry, Pedro – 85, 111

Lapa, M. Rodrigues – 37, 42
Laterza, Moacyr
Lefèbvre – 143
Leite Criolo – 70
Leminski, Paulo – 205
Lévi-strauss – 148, 150, 151
Lima, Alceu Amoroso – 121
Lima, Jorge de – 83, 127
Lima, Luiz Costa – 51, 56, 98, 125, 148-151, 205
Lima, Mário de – 37n
Lisboa, Antônio Francisco (Aleijadinho) – 29, 84, 110, 127
Lispector, Clarice – 130, 131, 135, 143, 129, 144
Lobato, Monteiro – 61

Lucas, Fábio – 97, 174, 205
Lukács – 98

Magny, Olivier de – 56n
Maiakóvski – 109, 194
Malfatti, Anita – 61, 63
Mallarmé – 50, 109, 111, 127, 189, 194
Manifesto da Poesia Pau Brasil – 74, 112
Marino – 188
Marques, Oswaldino – 98
Martins, Heitor – 71n, 129
Matos, Gregório de – 28, 31, 38, 40, 43, 110
Melo Neto, João Cabral de – 9, 31, 98, 103, 113, 114n, 121-123, 128, 132, 140, 156, 168, 175, 185, 193
Mendes, Murilo – 122, 170
Menezes, Rodrigo de – 42
Mesquita, Lobo de – 30
Monteiro, Vicente do Rego – 65
Morais, Frederico – 205
Moreyra, Álvaro – 80
Moura, Emílio – 73, 76-78, 79n, 89, 90, 92-93
Mourão, Rui – 84n, 97n, 99-104, 153, 154, 156, 157, 159, 160, 174, 183, 186
Muricy, Andrade – 49

Nabuco, Joaquim – 110
Nascentes, Antenor – 39n
Nava, Pedro – 73
Neves, Libério – 205
Niemeyer, Oscar – 29, 127
Noigandres – 11-13, 85n, 133n, 176
Nunes, Benedito – 16, 98, 141-146, 205
Nunes, Sebastião – 183, 184

Oliveira, Manuel Botelho de – 39
Oriente, Fernão Álvares do – 25

Paduani, Célio César – 205
Paes, Fernão Dias – 36
Paes, José Paulo – 119

Passos, John dos – 55
Patrocínio, José do – 110
Pedro II – 100
Peixoto, Alvarenga – 37, 42, 43, 45
Pelé – 108
Pena, Cornélio – 151
Péret, Benjamin – 80n
Pessoa, Fernando – 109, 143, 145, 146
Pignatari, Décio – 12, 13, 16, 85n, 115, 125, 133n, 134, 185, 205
Pinheiro, Luiz Adolfo – 205
Pino, Wlademir Dias – 32, 115
Pinto, Bento Teixeira – 36
Pöe, Edgar Allan – 109
Ponge, Francis – 109
Pontual, Roberto – 205
Pound, Ezra – 109, 127, 176
Proença, M. Cavalcanti – 98
Propp – 86
Przyrembel, Georg – 65
Ptyx – 134

Ramos, Graciliano – 103
Ramos, Péricles Eugênio da Silva – 55
Revista, A – 67, 73, 74, 76-79, 80n
Rezende, Severiano de – 111
Ricardo, Cassiano – 122, 176
Ricoeur, Paul – 149
Rimbaud – 77n, 109
Romero, Sílvio – 49
Rosa, João Guimarães – 9, 30, 86, 127, 143-145
Rosemberg, Harold – 65

Sabino, Fernando – 154, 156, 157
Sá-Carneiro – 109
Salgado Filho, Antônio – 25n
Sampaio, Márcio – 205
Sant'Anna, Affonso Romano de – 116, 205
Sant'Anna, Sérgio – 161-164
Santiago, Haroldo – 205
Sartre, Jean-Paul – 13, 29, 48, 127
Saussure, F. – 150
Segall, Lasar – 61

211

Semana de Arte Moderna – 15, 67-69, 72
Semana Nacional de Poesia de Vanguarda – 16, 114, 115, 116n, 117, 119n, 134, 201
Severo, Ricardo – 64
Sousândrade – 30, 47-58, 85, 111, 127
Souza, Cruz e – 53, 111
Souza, J. Norberto de – 41

Tendência – 11-14, 31n, 96, 97, 102, 103, 114n, 123, 125, 131n, 132, 133, 169, 170, 174, 175, 184, 185, 203
Timóteo de Mileto – 108

Valéry – 127
Verde – 70, 78
Vereda – 134
Verlaine – 127
Veríssimo, José – 49, 53
Verney, Luís Antônio – 25n
Vianna, Mello – 77
Vieira, padre António – 27, 28, 30, 126, 150n

Whitman, Walt – 185
Williams, William Carlos – 109
Wölfflin, Heinrich – 26n, 27, 168

Xisto, Pedro – 205

AFFONSO ÁVILA

Affonso Ávila (1928), um dos mais representativos poetas da sua geração, pela individualidade de sua linguagem, figura, sem dúvida, entre os principais criadores da arte de vanguarda na poesia, para cuja propagação contribuiu também com a realização, em 1963, da Semana a ela dedicada pela Universidade de Minas Gerais, que obteve ampla repercussão em momento dos mais atribulados da cultura do Brasil. Ensaísta com largo espectro de interesses, tem publicado estudos sobre a modernidade literária e, com particular ênfase, sobre a natureza e o impacto do barroco no Brasil, de que é, por unanimidade, intérprete consagrado e conceituado teórico. Sua presença na revalorização desse período fundante da nossa arte e literatura traduz-se, com destaque, pela edição da revista especializada *Barroco*, de circulação internacional, que ele fundou e dirige. Autor de extensa obra, publicou, pela editora Perspectiva, *O Modernismo* (1975), *O Lúdico e as Projeções do Mundo Barroco* (1994), *O Visto e o Imaginado* (1990), *Barroco: Teoria e Análise* (1997) *A Lógica do Erro* (2000), *A Circularidade da Ilusão e outros Textos* (2004) e *O Poeta e a Consciência Crítica* (ed. rev. e ampl., 2008).

Publicações do Autor

1. Poesia

O Açude e Sonetos da Descoberta. Belo Horizonte: Santelmo-Poesia, 1953.
Carta do Solo. Belo Horizonte: Tendência, 1961
Carta sobre la Usura. Tradução espanhola de Ángel Crespo. Madri: Revista de Cultura Brasileña, 1962.
Frases-Feitas. Belo Horizonte: Poesia 1, 1963.
Gertrude's Instante. Poema postal. Porto: Colecção Gémeos 7, 1969.
Código de Minas & Poesia Anterior. Rio de Janeiro: Civilização Brasileira, 1969 (Poesia Hoje, 17, série Poetas Brasileiros); nova ed. em texto integral, Rio de Janeiro: Sette Letras, 1997.
Código Nacional de Trânsito. Belo Horizonte: Edições 1300, 1972.
Cantaria Barroca. Rio de Janeiro/Belo Horizonte, 1975. Edição para subscritores.
Discurso da Difamação do Poeta. Revista *Colóquio-Letras*, n. 30, Lisboa, 1976.
Discurso da Difamação do Poeta. Antologia. São Paulo, Summus, 1978 (Palavra Poética, 1).
Masturbações. Belo Horizonte: Edições 1300, 1980.
Barrocolagens. *Barroco 11*. Belo Horizonte, 1981.
Delírio dos Cinquent'anos. Brasília: Barbárie, 1984.
O Belo e o Velho. Ilha de Santa Catarina:Noa Noa, 1987.
O Visto e o Imaginado. São Paulo: Perspectiva, 1990. (Signos, 12).
A Lógica do Erro. São Paulo: Perspectiva, 2000. (Coleção Signos, 32).
Cantigas do Falso Alfonso el Sabio. Cotia: Ateliê, 2006

2. Ensaio

Resíduos Seiscentistas em Minas. Com a edição crítica e fac-similar do *Triunfo Eucarístico* (Lisboa, 1734) e do *Áureo Trono Episcopal* (Lisboa, 1749). 2 vols. Belo Horizonte: Centro de Estudos Mineiros da Universidade Federal de Minas Gerais, 1967.
O Poeta e a Consciência Crítica. Petrópolis: Vozes, 1969 (Nosso Tempo, 7); 2. ed. rev. e ampl., São Paulo: Summus, 1978; 3. ed. rev e ampl., São Paulo: Perspectiva, 2008 (Debates, 312).

O Lúdico e as Projeções do Mundo Barroco. São Paulo: Perspectiva, 1971. (Debates, 35); 2a. ed. revista, 1980; 3a. ed. rev e ampl., desdobrada em 2 vols: I. *Uma Linguagem a dos Cortes, Uma Consciência a dos Luces*; II. *Áurea Idade da Áurea Terra*, 1994.

O Modernismo (coordenação e organização) São Paulo: Perspectiva, 1975. Coleção Stylus, 1.

Do Barroco ao Modernismo: O Desenvolvimento Cíclico do Projeto Literário Brasileiro. In: A. Ávila (org.) *O Modernismo*, op. cit.

Festa Barroca: Ideologia e Estrutura. In: Ana Pizarro (org.). *América Latina: Palavra, Literatura e Cultura. A Situação Colonial*. Vol. 1, São Paulo: Fundação Memorial da América Latina, 1993.

Barroco: Teoria e Análise (Introdução, coordenação e organização). São Paulo: Perspectiva, 1997 (Stylus, 10).

Circularidade da Ilusão e outros Ensaios. São Paulo: Perspectiva, 2004. (Elos, 54)

3. Pesquisa

Igrejas e Capelas de Sabará. *Barroco* 8,. Belo Horizonte, 1976.

O Teatro em Minas Gerais: Séculos XVIII e XIX. Ouro Preto: Secretaria Municipal de Turismo e Cultura/Museu da Prata, 1978.

Barroco Mineiro / Glossário de Arquitetura e Ornamentação. Com os arquitetos João Marcos Machado Gontijo e Reinaldo Guedes Machado. Rio de Janeiro: Fundação João Pinheiro/Fundação Roberto Marinho, 1979; 2. ed., São Paulo: Cia. Editora Nacional, 1980; 3. ed, Belo Horizonte: Fundação João Pinheiro/Centro de Estudos Históricos e Culturais, 1996 (Coleção Mineiriana).

Iniciação ao Barroco Mineiro. Com a historiadora Cristina Ávila. São Paulo: Nobel, 1984.

Minas Gerais/Monumentos Históricos e Artísticos – Circuito do Diamante (Coordenação e redação definitiva). *Barroco* 16. Belo Horizonte: Fundação João Pinheiro/Centro de Estudos Históricos e Culturais, 1994. Coleção Mineiriana.

Gregório e a Circularidade Cultural no Barroco. In: Maria da Graça M. Ventura (org.). *O Barroco e o Mundo Ibero Atlântico*. Lisboa: Colibri, 1998.

O Estilo de Vida nas Minas Gerais do Século XVIII. Texto para o catálogo da exposição *Brasil Barroco: Entre Céu e Terra*. Versão francesa. Paris: Union Latine, 1999.

4. Memórias de Ofício

Minor: Livro de Louvores. Belo Horizonte: Rona, 1996.
Catas de Aluvião: Do Pensar e do Ser em Minas. Rio de Janeiro: Graphia, 2000.

Impresso em São Paulo, em fevereiro de 2008,
nas oficinas da Gráfica Palas Athena,
para a Editora Perspectiva S.A.